Sebastian Unger
Das Pferd als sein eigener Reiter

Sebastian Unger

DAS PFERD
ALS SEIN
EIGENER REITER

Essays zum Ende der Natur

Matthes & Seitz Berlin

Inhalt

Vorwort	9
Fischvariationen	16
Blick in die heiße Milch	35
Der barrierefreie Blick (Overkill)	38
Leben im Kern der Handlung	41
Mobile – Zur Reichweite entzogener Vorstellungen	45
Der Wal	56
Könige der Harmlosigkeit	58
Überlebensstrategien	83
Der blaue Himmel	86
Die Tiere wissen noch nicht Bescheid	110
Da	112

(Sich) Festhalten an der Natur, 1–3	114
1 – Der absolute Zeuge	120
2 – Über die Dächer abwärts	137
3 – Anabasis	146
PVC	170
Einziger Hinweis	174
Natur. Gender. Grizzly.	176
Sterben als Teil der Freizeit	209
Quattro Canti	218

*»Nicht mehr scheitern zu dürfen«, ist mittlerweile der
Zustand einer Natur, die zur Rettung den Irrtum des
Begriffs markiert, den wir uns von ihr machen.
»Nicht mehr scheitern zu können«, weil ihr der Begriff
zum Irrtum fehlt, wäre hingegen der Zustand einer Welt,
in der sie sich nicht mehr zu retten lohnt.
Das ist der Ernst der Situation, in der man mit der
im Skandal des Artenplurals wohnenden Fröhlichkeit
der »Tiere« sagen könnte: Bei aller Rettung – Wir schulden
den Tieren ihr »Schweigen«!*

Vorwort –

Dieses Buch beginnt mit einem Satz, den es nicht meinen kann:

Es richtet sich mit Mitteln der Zärtlichkeit gegen die Naturbegriffskritik als kapitalistischen Mainstream.

So wie es sich auch nicht scheut, sich dabei auf schmerzlichste Paradoxien einzulassen, etwa die Tiere, die nicht-menschlichen – ausgerechnet sie! – selbst für kapitalistisch halten zu können, und anderseits die »Natur« – gerade in ihrem schwächsten Moment! –, wo sie zeitverzögert und zugleich fast unaufhaltsam voranschreitend von unseren überkommenen Kulturtechniken zerstört zu werden droht, gerade auch dort gegen dieses Tier zu verteidigen.

Kurz: Verteidigt wird hier die Natur, die gerettet werden muss, bewusst in die falsche Richtung, gegen das Tier, gegen unser Überlebenstier – und zwar aus Tierliebe!

Denn es scheint, dass die Natur im Zeitalter ihrer notwendig gewordenen Rettung eingeklemmt ist auf einem Ziffernblatt mit zwei gegenläufigen Zeigern. Ihre Zeit läuft von zwei Seiten ab. Nicht nur, weil wir sie tatsächlich zerstören, sondern andererseits auch, weil wir durch den dadurch notwendig gewordenen Perspektivwechsel nun auch gezwungen und sogar vorauseilend bereit sind, ihre *Andersheit* zu uns über Bord zu werfen.

Da wir aber in ihrer Rettung, gerade weil es ernst ist, ununterschieden *uns* zu meinen gezwungen sind, mit »ihr« doch primär *unsere* Überlebensgrundlage auf dem Spiel steht, und es kein Zurück mehr gibt, nicht in *sie*, sondern in das gerade für sie und ihre Lesbarkeit »als Natur« so notwendige Entferntsein von ihr, werden wir sie wohl mit *uns* überschreiben, und zwar nicht nur in der Art, wie wir sie deuten, sondern als Praxis, in Gestalt ihrer Vertreter, in den heiteren Kostümen der Tiere und Pflanzen, in die wir mit unseren Anliegen (neumodisch anti-invasiv) hineinzuschlüpfen beginnen.

Und dies alles mit der Ironie – und deswegen schmerzlich! –, dass wir es nur gut meinen, wenn wir je das Nicht-Andere im Anderen meinen, und es nur gut meinen, wenn wir unsere Naturunfähigkeit mit ihrer konzeptuellen Abschaffung nun quittieren, um die Tiere nach diesem Blutbad endlich in Ruhe zu lassen, dabei aber aus tiefster Naturgewissheit handeln, nämlich der, die Natur sei *gut*!

Die Dringlichkeit, die in dieser Verdopplung ihrer Fatalität liegt – sodass es eigentlich richtiger heißen müsste: »Enden der Natur«, aus dem Plural zweier Richtungen –, zwingt uns daher, der Natur gerade mit poetischen Mitteln aus einer zweiten Richtung entgegenzueilen.

Denn dass »wir« – als das in einer ca. 400-jährigen europäischen Tradition stehende Kollektivsubjekt der heute lebenden Anthropozän-Teilnehmer – die Natur als »Natur«, als einen Horizont der Natur zu lesen im Stande gerade noch sind – nur gerade noch *so*! – mit rapide abnehmendem Sehvermögen, heißt auch, dass wir vielleicht ebenso bald nicht mehr werden sehen können, welchen Dienst uns der Begriff bei aller Ambivalenz erwiesen hat, war sie, die »Natur«, doch neben all den Unterwerfungsbewegungen nach vorn, zugleich auch das räumlich vorgestellte *Andere* unserer Ökonomie – und damit eine Linie, die gleichursprünglich die tatsächlich mit »ihr« möglichen und begangenen Verbrechen erst als solche sichtbar macht.

In diesem Sinne, im Sinne einer nötigen Komplexität, lässt sich sagen: *Entfremdung war nicht nur schlecht, sondern auch eine Fähigkeit!*

Oder anders: Nach ihrer entsetzlich entfremdeten Behandlung droht den Tieren nun ein Verlust ihrer Entfremdungsfähigkeit selbst, ein Registerwechsel im Rationalisierungsprozess. *Nach der generalstabsmäßigen Aktion, sie wie Steine von der Ladefläche in den Gewerbehof zu kippen, werden wir nun bald mit versteinerten Tieren um uns werfen.*

Zu fragen ist daher: Nehmen wir uns denn mit der Auflösung des Naturbegriffs, der flächendeckenden Denaturalisierung unserer Diskurse, der Denaturalisierung des Geschlechts, der Denaturalisierung der Tier-Mensch-Grenze, usw., und schließlich der Denaturalisierung der Natur selbst, nicht zugleich auch die Grundlage, auf der wir die »Natur« als einen Wert überhaupt erst erkennen konnten und sie als »sie selbst« retten wollten?

Und nicht nur dies, sondern mit ihr auch die Außenachse unserer Kulturkritik, die uns als Standpunkt zur Werkzeugbildung ihrer Infragestellung als »Begriff« erst befähigt hat?

Es ist eine seltsame Verschachtelung: die »Natur« als nicht räumlicher Standpunkt aus Räumen, die *sie* jeweils nicht sind, und doch aber, einen Raum bilden, an dessen

Differenz erprobt das Werkzeug zu seiner Zertrümmerung heranwächst. Sollen wir uns als Retter also selbst den Weg abschneiden, nur weil wir zu dumm für unsere eigenen Vorstellungsräume waren?

Die poetologische Anweisung, die Texte dabei selbst *natürlich* zu halten, das heißt, poetisch zu handeln, statt *abzuhandeln*, um was es hier ernsthaft geht, ist daher kein Gedankenspiel. Denn wie sonst sollte man diesen Paradoxien nachgehen, der Spur etwa, dass es gerade die Tiere und Pflanzen selbst sein könnten, die die »Natur« gegen den Uhrzeigersinn unserer ökologischen Prognosen zu verdrängen beginnen.

So wohnt unserer wissenschaftlich aufgeklärten Erwartung, dass uns die Lebensgrundlage vergeht, wenn wir so weitermachen, in einer zerstörten Natur, die sich wiederum eben in diesem Blickwinkel der Faktizität nicht um uns schert, dennoch der biblische Doppelsinn inne, als das messianisch »Kommende«: In Gestalt von erlesenen und von ihm erlösten Tieren und Pflanzen kommt der Mensch auf sich selbst zu.

*

Welche Fässer sich hier also öffnen, aus denen wir uns, in dieser Versuchsanordnung einer Opposition von Tier und »Natur«, verbotener Weise ein paar kleine Schlucke zu kosten genehmigen, verdanken wir allein dem ganzen Ernst der Poesie. Wir gestatten ihr daher, sich hier teils in Simulation akademischer Nüchternheit in den Essays frei entfalten zu dürfen.

Aber wird es dadurch nicht eher furchtbar schwer, viel schwieriger als es ohnehin schon ist?

Keineswegs, oder zumindest keineswegs umsonst, wo das Schwere nicht selbst schon Thema ist.

Denn gehört zu den hochmodernen Aufgaben der Tiere, die Natur nun ohne die »Natur« zu *sein* – ganzkörperlich, mit Haut und Haar –, die wir ja in ihrem Namen nicht mehr wollen, und bald auch, wo uns die Tiere auf unseren Wunsch hin sogar dabei im Weg zu stehen beginnen, auf sie zu zeigen, nicht auch eine gehörige Portion Überforderung – im Sinne einer Lesestrategie? Noch dazu einer, die *unser* Verhältnis zu ihnen entlastet? Und sollte sich diese Überforderung im Lesen nicht nun auch rückkoppelnd – gerade im Namen der Gleichberechtigung! – auf das nicht-nicht-menschliche Tier übertragen dürfen, das sich hier – nicht ganz mit der fröhlichen Entschlossenheit, mit der es die meisten Tiere täten, so doch aber als geneigter Esel – ins Buch zu schauen bequemt? Das ist doch nur fair!

Wenn wir uns somit als »Täter« gegenüber den Tieren selbstverständlich nicht mehr wollen, und in der Reibungsfreiheit unserer Wünsche den Tieren besser gleich, wo sie noch viel direkter vor uns stehen, als es die Sprache je erlaubt, in Handlungsmodellen zugesellen, indem wir uns als »Retter« das Subjekt dazu verkneifen, das trennend vor ihnen steht und staunt, dann verdient gerade die Erfüllung dieser guten Tat eine weitere Umdrehung:

Denn der Mensch spricht immer, selbst, wenn er sich vornimmt, im Namen der Tiere zu schweigen, oder den Tieren zu einer Sprache und Mitsprache aufhelfen will, und sie doch dadurch erst recht zu Behinderten macht, als hätte ihnen etwas gefehlt.

Wir verpflichten uns also, gerade wenn sie es sind, die ausbrechen sollen, also im Sinne einer bescheidenen Serviceleistung, den Tieren gegenüber Mensch zu sein.

Und beeilen wir uns besser gerade damit! Denn sind wir erst so tief gesunken, dass wir auf dieser faktischen Grundlage unumkehrbar zum Handeln gezwungen sind, wird es für die »Natur« der Natur bereits zu spät sein.

So wie in der poetischen Distanzierung das Ernstgemeinte erst zur Geltung kommt – das also doch im Geist seines Vorworts geschriebene Buch, solche Dinge *tatsächlich* zu glauben, wie sie hier eingangs stehen, und zu denken: »Nichts daran ist nicht wahr!«, in diesem Sinne also, ist das Buch kein Buch »*gegen*« – es würde lügen! Doch wenn man umgekehrt fragen würde: Warum dann überhaupt ein Vorwort und nicht gleich Essay? –, müsste man nun sagen: Vielleicht gerade hier, aus Tierliebe! Denn im Positiven dieser Verneinung, dem bereits im Schreiben verneinten Vorwort, das aber doch da ist – ernstgemeint wie die »Natur«! –, liegt schon das Gehege, eigens für sie, aus dem sie ausbrechen können.

So ist es eine sprachliche Leistung, das Trennende als eine Beziehung zu denken, für die wir verantwortlich sind, genauso wie wir Verantwortung haben *gegenüber* den Tieren und Pflanzen und uns.

Das Trennende als eine Beziehung zu denken, deutet nicht auf einen Untergrund unter ihr hin, als dessen Essenz hier nicht mehr das »Sein«, sondern nicht minder seltsam: das Gespenst der Körper selbst zum Vorschein käme, in das wir körperlich verstrickt sind und mit der Natur den Klimatod sterben. Vielmehr ist die trennende Sprache, die Potenz, es nicht zu tun, nicht zu sterben, mit dieser ganzen Zerstörung aufzuhören, und damit auch das einzige Werkzeug, das im Retten zugleich den Grund der Rettung begründet.

Dem Buch, wenn insofern auch die Texte Wesen sind, die sich hier natürlich verhalten sollen, *fehlt* also kein Vorwort, das anders ist als es selbst. Und doch: So natürlich versammelt – *tatsächlich* natürlich, wie *in* der »Natur« – würden sie sich vielleicht ein wenig genieren, allein der Unverhofftheit wegen, mit der sie jeweils zu sprechen einsetzen.

Ein trennendes »Hoch!« also auf unsere Tiere, so es fast schon ein Wunder ist, dass es sie überhaupt noch gibt, dass sie noch weiter bei uns bleiben, dass sie noch nicht Bescheid wissen, und im Sinne eines Rollentauschs mit der »Natur« der Natur, die sie nicht sind, von nun an bleiben als die, die gehen!

Fischvariationen –

Knapp unterhalb der Ausfransungen und Widerborstigkeiten unserer Lebensanstrengung haben die meisten Fische ihr Quartier so schlicht und formbewusst und ergonomisch bezogen, als würde sich ihr Leben im bereits von den Umständen ihrer Einbettung verschluckten Zustand abspielen, eine Aufgehobenheit, an der auch tatsächliches Gefressenwerden kaum etwas zu ändern vermag, denn das Meer tötet, als ein Verschlucken im Verschlucktsein, nahezu tautologisch (ein Magen, der sich selbst verdaut).

Und mit dem Körper wiederum zitieren sie andererseits auch schon, worin der Körper gleitet, als Fleischwelle, als Verdickung des Wassers, als Meeresfleisch (*pulp*), und sehen in unseren trockenen Augen aus, nicht, wie das Medium sie zurechtgeschliffen hat, nicht wie der bezwungene Trotz der Steine, sondern umgekehrt, wie sich das Medium hier und da selbst erlaubt hat, sich auf den Punkt zu bringen, also eher wie ein vollendeter Gedanke.

So ist es kein Wunder, dass gerade die Fische, derart eingebettet in die Betriebstemperatur des Denkens, an einer erheblichen Umrissproblematik leiden, wo immer sie auf uns treffen.

Dass nämlich so viele Eigenschaften dieses Körpers vom Medium selbst getragen und mitgetragen werden, etwa ein großer Anteil der Schwere, oder dass das wechselseitige Hertreiben und Hinschwimmen von und zur Nahrung kaum weiterer Vermittlungsgliedmaßen bedarf, usw., rührt aus einem Schulterschluss mit dem her, was der Fisch *nicht* ist, vielmehr *worin* er ist, und dies wiederum nicht geteilt, nicht Schulter an Schulter, als zwei zueinandergesellte Kraftkörper, sondern zurückbehalten, als ein organischer Einbehalt des Wassers, der jedoch auf Seiten des Körpers des Fisches seine skizzenhafte Vereinfachung befeuert.

So entsteht hier die Ironie, dass der Fisch, als die Figur des Präfigurativen, erst recht als Figur aufleuchtet.

Und so gesehen, als eine der vielen, aber dafür gravierenden Zündelstellen einer sich über die ganze Natur entfachenden Ironie, sind die Fische in einer Weise beschaffen, dass sie jedes Kind, ganz ohne Hilfsmittel als eines der ersten zum Zeichen erstarrten Tiere erfassen und in die Reuse einer Symbolpolitik des Körpers hineinverlustieren kann.

Dies geschieht zunächst, ohne ihnen weh zu tun, mir nichts dir nichts, wie ein Lichtspiel der Sonne auf der Wasseroberfläche, ein Scherenschnitt in der seichten Welt darunter, unterhalb des Satzspiegels unserer atembaren Sprache – dort also, wo es mit den Sommergeräuschen nicht weitergeht, wo Silben als Silber aufblitzen, wo sichtbar wird, dass das Auge mehr mit der Sprache zu hat als die auf die Planken des Stegs gepresste Brust, und etwas beginnt, wo *es* nicht sein kann, ein Schattenwurf im Spiegelquarz, wenn man sich lang genug über das eigene Bild hinaus darin vertieft, ein vergüldetes oder orangenes Element einer Unterwasserfreude oder gar die Freude des Wassers am Wasser selbst.

Doch gerade diese drastische Vereinfachung des Lebens am Körper ist es, die den Fischen das Symbolhafte daran auch im späteren Leben des Menschen nicht mehr verzeiht, wo sie mit ähnlichem Schwung, wie man Bananen pellt, zerschnitten werden, und nur Zitrone ihnen noch etwas von der Stichhaltigkeit des Individuums zurückzuverleihen vermag.

Und gerade weil sie sich am eigenen Leib so sehr für diese Fortdeklination zum Umriss eignen, entsteht bezüglich des Körpers erst recht ein fatales Missverständnis, ja geradezu ein Paradox, das den Fisch als Körper geringster Hemmschwelle umso mehr festigt, je weniger man ihn als solchen ernst nimmt.

Nun lassen sich zahlreiche Variationen anstellen: Fällt etwa beim Entschuppen des Fisches ein Auge heraus, und degradiert man es damit vom hohen Status des Augenlichts zu einer Liebesperle, die sich ein dabeistehendes Kind auf die Fingerspitze setzt, dringt das Prädikat des Sehens erst recht in die Lächerlichkeit dieses Einzelorgans ein. Im Auge rollt das Sehen davon wie der Käse vom Berg oder bleibt vor dem schabenden Fischverkäufer in der silbernen Schlacke kleben, wodurch sich zwar die Sichtbarkeit der Welt von der Teilhabe eines Körpers abtrennt, sich jedoch beides unweigerlich verfestigt: sowohl der Gedanke ihrer allgemeinen Sichtbarkeit als auch der Gedanke des Instrumentenkörpers, der das Sehen als verschrobene Grenze einer Welt bei sich trägt, die durch *sie* erst an ihr teilhat, und daher auch abgeteilt im Müll landen kann – dies jedoch so alltäglich und selbstverständlich, dass der Fisch eben einen Teil der Verantwortung für diese Behandlung bereits übernommen hat.

Wie gewohnt und doch fester als zuvor stehen die Insassen der Arche nun um ihren gemeinsamen Futtertrog herum, wo sie mundgerechte Stücke aus der Objektivität herausreißen, zum allgemein sinnlichen Verzehr eines genau passend zu den Eingängen ihrer Geschöpfnatur bereitwillig nachwachsenden Stoffes – der überkochende Brei.

Und was der Fisch dem Menschen in diesem Bespiegelungsvorgang, also rückkoppelnd über sich selbst zeigt, nämlich, dass der Körper ein Umriss ist, dass das Auge sieht, dass der Fisch überhaupt schwimmt, dass er sich als grammatische Figur entlang seines Umrisses in Gang setzt und als solche schwimmt, inne hält, prüft, flieht, usw., immer drauf zu, mit dem fröhlichem Appetit, diesen Umriss mit etwas Gutem zu versorgen, ist letztlich Ursache ihrer schlechten Behandlung, und mehr noch, nicht nur die der Ausdünnung der Fischbestände selbst, sondern auch für die schlechte Laune jedweder Amputierten, die sich unter uns Menschen herumtreiben.

Denn es scheint dabei ein unbekömmlicher, seltsamer Knorpel im Fisch gewachsen zu sein, genau dort, wo hinter dem Kopf das Prädikat ansetzt und einen Schwerpunkt im Innern des umrissenen Fischdings bildet, freilich einen rein syntaktischen Schwerpunkt, eine gestohlene oder lotrecht ins Wasser mitversenkte menschliche Eigenschaft, die hier über den Schleichweg des Umrisses in den Fisch eingedrungen ist und sich dort schriftmäßig begradigt, jedoch mit dem Zauberattribut, dass man um diesen syntaktischen Knorpel herum alles drehen und wenden kann, wie man will, und er doch am rechten Platz bleibt.

Den Sadismen sind dabei keine Grenzen gesetzt; man kann den Fisch tiefgefroren an die Wand schleudern, dass er zu Glas zerspringt, er wird trotzdem noch klirren als Fisch, man kann ihn trocknen, sodass sich die Enden nach oben biegen, eine Schweigeleistung, die ihn davor schützt, allein zu sein, usw., alles sprachlich, Schuppen und Einsilber, und selbst im Fischmehl steckt noch ein raunendes »Ja«.

Obwohl hierin die Industrie natürlich unübertroffen ist, könnte es ewig so weitergehen, sich neue Spielarten der Sprache im und am Körper auszudenken. Doch da hier das Ganze in der Unschuldsvariante vorgestellt ist, im Blick des Kindes auf eine beseelte Welt, und ebenso darin auch der milliardenhaft gutherzige alltägliche Verrichtungsgang des Menschen steckt, der sich zur Mahlzeit einen mühsam und auf allen Umwegen erstrittenen Sättigungsumriss auf den Tisch legt, und sogar Grund zur Annahme besteht, dass hierin, in diesen schrecklichen Vorgängen, die Quelle der Poesie selbst steckt, muss das Blut zunächst weggelassen werden, von dem Fische ohnehin nur wenig haben. Stattdessen schlagen wir vor, und dies im Pluralis Majestatis des Anthropozäns, auf der Abstrahierungsskala – die gerade bei ihm, dem Fisch, durch seine schon im Umriss vorgefertigte eiffelturmhaft weit oben ansetzende Zwischenplattform dazu einlädt – nur noch ein paar Stufen weiter hinaufzueilen, quasi in die falsche Richtung, vom Leben und vom Mitleid weg, allein, um von dort oben besser überblicken zu können, wie sich die Zaubereigenschaften seines unkaputtbaren Konturendaseins als ganze Landschaft entlang unserer sprachlichen Sichtachsen offenbaren.

Stellen wir uns den Fisch also sogleich als Zauberwürfel vor, als Rubik's Cube, in dessen Kern etwas steckt, eben jener syntaktischen Knorpel, von dem die Rede war, um den herum man alles drehen und wenden kann, wie man will, ohne dass er selbst sich ändert, bzw., ohne dass das ihn erst ermöglichende Umrisshafte des Würfels durch wildes oder auch koordiniertes oder tierexpertenhaftes Hinundherdrehen verändert werden würde. Die Regeln des Spiels sind dabei ein von den mechanischen Regeln seiner Ermöglichung entkoppeltes System, ein Kugellager, sosehr es auch im Innern des Fisches knackt, sogar die Katze weiß mehr davon. Es ändert sich nichts.

Und so kommt es zu einer weiteren Ironie, denn diese Unernsthaftigkeit des Körpers setzt sich auch im Tierfetisch der Ökologie fort, in der Ökologie des Bestandsschutzes, der Ökologie der schönen Dinge, die nicht in den Blick nehmen kann, wie sehr die Natur ein Grenzproblem ihrer Betrachtung ist.

Bleiben wir daher zunächst wirklich beim Tier als eine auf die Spitze getriebene Landschaft der Sichtachsen menschlicher Architektur. Selbst würde man nun das Meer auf die Subjektposition drehen, es unter der von seinen Muskeln durchwühlten und durchwüteten Haut als einen Großorganismus betrachten, oder gleich die ganze Natur als ein »Alles fühlt«, um die Verdinglichung des Fisches und seiner Schicksalsgenossen zu blockieren, ist die Mechanik des Würfels, seine grammatische Veranlagung zur Rotation, als Substrat des Fühlens, als Substrat des Attributs erneut verdinglicht, davon unbetroffen. Das Meer fühlt Fisch, wie auch der Betrachter seine eigenen grammatisch amputationsbereiten Beine.

Wertet man, in die andere Richtung drehend, hingegen das Subjekt des Fisches auf, verleiht ihm Menschenrechte, lernt den Fisch noch einmal neu als unbebrilltes Rechtssubjekt kennen, erklärt die Abwesenheit der Sprache für keinen hinreichenden Grund für seine unmenschliche Behandlung – was eine Selbstverständlichkeit sein sollte –, weist dem Fisch stattdessen ein qualifizierendes Schmerzempfinden als eine, als *seine* Form der *Mit*-Sprache nach, die seine behinderte Stummheit in bar kompensiert, erklärt ihn für einen Menschen, der das Recht hat, kein Mensch zu sein, so hat man damit den Würfel nicht eine Sekunde lang daran gehindert, unbeeindruckt seine Bahnen um die eigenen Rotationsachsen zu ziehen; lediglich gelingt es, die Spielfelder von Subjekt und Objekt so zu vertauschen oder zu vermischen, wie eben die unterschiedlichen Farben, Farbkombinationen und Ordnungen des Würfels ein Spiel darstellen, das den Zugriff auf seine Regeln nicht auf die Regeln des darin fest eingearbeiteten Handlungsspielraums übertragen kann, selbst wenn alles in ein harmonisches Muster versetzt wird, und es irgendwie von außen gesehen *fertig* gespielt aussieht.

Kurz: Das Kind ist ein Mörder, die Poesie das Nebenprodukt einer Schlachtbank, der Fisch ein ewiger Amputierter, den das mitleidige Beispringen umso beinloser macht, reif für die Konservendose des offenen Meers. –

Nein, Moment! Bliebe es hier jetzt einfach stehen, es so zu sehen, mitten in der Klimakrise, es wäre reine Sophistik. Es dabei zu belassen, zu sagen, dass alles beim Gleichen bleibt, egal, was man tut, um den Fisch vor dem Ausfließen aus der Natur zu retten (wohlgemerkt einer Natur, der wir aus diesem, u. a. auf dem Fisch selbst basierenden Vergegenständlichungsprinzip heraus, also als eine doppelte, weil auch ursächliche Ableitung, den Stöpsel gezogen haben, in deren folgliche der Fisch nun hinausgesaugt wird) – es dabei zu belassen, zu sagen, dass das alte Böse sich im neuen Guten nur fortsetzt, in einer Rettungsökonomie zählbarer, trennbarer, *auseinander geschriebener* Tiere, wäre nicht nur eine Beleidigung der Amputierten, sondern würde die Dringlichkeit natürlich fast verbrecherisch verkennen, dass das fortgesetzt Falsche zugleich das Notwendigste ist, was zu tun bleibt: »Retten!« –

So fragt der Biologe in seinem Buch zum Klimawandel: *Welches Tier würden Sie denn gerne retten? Welches Tier halten Sie für besonders wichtig* (für unsere Herz-Lungen-Maschine, ist wohl gemeint)? *Und was ist Ihr Lieblingstier?* Und bei dieser Art Fragen wird es um so lustiger und sprachlicher zugehen, wenn erst die Industrie mitmacht und den Fisch unter Wahrung seiner äußerlichen Integrität als eine Systemschraube des Weiterwirtschaftens verbaut, mit sprachlichen Anlässen, die ihr selbst entspringen, die angelassene Fischschraube, in der sich die Lesbarkeit des Mediums verfängt (das Blaue Band).

Es so aber stehen zu lassen, die Lust am Zynismus hin oder her, hieße, alternativ zum Sophismus, doch nur noch, im dunklen Heideggereck der Gaststube Platz zu nehmen, dem eingekehrten, und diesen Vorgängen von dort etwas zuzuraunen, eine Haltung, die wir jedoch nicht nur wegen der geschichtlichen Vorbehalte nicht einnehmen wollen, sondern eben weil sie nur passiv ist und passiv macht, weil der Auflösungsprozess der Naturerzählung schon so notwendig geworden und zugleich in der Anlage schon so vorangeschritten ist, sichtbar daran, um wie viel schöner im Todesmoment der Natur die Tiere werden, als dass sich diese ästhetisch dynamisierten

Bestandteile in der Raummitte noch durch solche Einlassungen vom Rand beeindrucken ließen. Nein, das wollen wir nicht, auch im Namen der Fische nicht.

Besser scheint, das Material, das schon da ist, noch einmal, und dafür umso konsequenter in die Hand zu nehmen, und zwar als genau den unkaputtbaren Würfel selbst, und nichts daran zu leugnen, und nichts daran zu erzwingen. Wir hatten es doch schon mit seinen hellen Seiten zu tun, die Lichtproduktion steht der Kulturkritik in nichts nach. Was ist denn nun mit der orangenen und silbernen Seite der Unterwasserfreude? Es sind doch schon Kinder barfuß durch das Bild gelaufen, die gerade im Anblick der gesteigerten Umrisshaftigkeit des Fisches, dem Grundbaustein des Bösen, Sinn produzieren, auch und gerade in ihrer nicht funktionalistisch angelegten Welt – als die eigentlichen Experten der Differenz – eben einen Sinn für Natur, und die trotzdem damit alles Schreckliche vorbereiten.

Ebenso das Essen: Beweist nicht gerade das als Zierde oder eben ganz vernachlässigt mitgebackene Auge des Fisches, wie viel Integrität des Fisches als Umriss von ihm abhängt und fortdauernd ausgestrahlt wird, dass es weiterschaut, skizzenhaft lidlos, und diese integrative Kraft selbst noch auf eine Trümmerlandschaft zerwühlter Gräten übertragen kann? Beweist nicht eben genau dieses Auge, das den Fisch zur Übernahme der Verantwortung für seine Behandlung gezwungen hat, begrifflos und gerade darin begriffen, dass es nun den Umriss zusammenhält, wo der Fisch selbst nicht mehr kann?

Noch einmal: Das Auge war doch eigens durch den

über den Umriss in den Fisch eingedrungenen Kabinendruck an der Bordwand seiner grammatischen Aufplusterung befestigt worden, von Innen, eben mit dem lächerlichen Ernst des Kabinenfensters, das eine Grenze darstellt, die sieht, indem sie den Körper versiegelt; ein Auge, das offenstehend dicht macht.

Und jetzt, wo es drauf ankommt, vom Teller zum Mund, wo ein Zungenkuss bevorsteht mit unserer eigenen organischen Rückbindung, die wir, obwohl alles ihr diente, auf dem gesamten Heraufbeförderungsweg des Fisches vernachlässigt haben, werden da, durch eben diese Latenzarbeit des starrenden Auges, das schmerzunempfindlich die Erlaubnis zur Unterwanderung eines (lächerlich) verzichtbaren, weil eben (ernst) weiterleuchtenden Umrisses erteilt, nicht zugleich die Grundstrukturen poetischen Denkens mit Messer und Gabel offengelegt, nur eben auf links gedreht, als eine Poetik der Rationalisierung?

Nichts an dieser Schlachtbank ist für die Poesie unmoralisch. Ein Fisch, der aus der Tiefe als konturhafter Gedanke aufblitzt, macht doch allein als diese Zeichenfrechheit möglich, dass das nachgängig Abwesende des abgetauchten Fisches sich direkt als Seeoberfläche glattstreicht, die die Spur zwar verwischt, die dann aber schon ein Wesen ist, gerade so – als wär nichts gewesen. Man darf sich nur nicht verlocken lassen, hinzugreifen, wenn es ums Gedicht geht. Und von dieser Art ist die Natur.

Und noch einmal zum Essen, nur eine Fußnote noch, denn das ist wahrscheinlich das heimliche Zentrum dieses Textes, das er fast überspringen muss, um nicht selbst überzulaufen, – dass der Kopf dranbleibt, ist eine Sonderstellung des Fisches, ein Tier in der Schwebe, der Kopf, konkret genug, den Appetit anzuregen, abstrakt genug, ihn nicht zu verderben. Und von dieser Art ist die Natur.

Bevor wir daraus nun einen Schluss ziehen, beenden wir hier zunächst aus Platzgründen die Operation am über so viele Seiten und Todesarten hinweg gebeutelten Fisch. Wir entschuldigen uns bei ihm und auch, mit einem leicht abgewandelten historischen Grußwort, bei seiner selbstverschuldeten Anschaulichkeit.

Wir machen alles wieder gut und fädeln jetzt nur noch die hier an der Nahtstelle von Fisch und Natur bereits ausgelegten Fäden ein, vorpunktiert, direkt als Liste, und zwar so, dass wir beim Einstechen in jeden Punkt über Kreuz an die jeweils andere Seite denken, und ziehen beides dann, unbeholfen wie menschliche Hände nun einmal sind, nicht deckungsgleich, sondern nur in die Nähe einer differenziellen Bedingtheit zusammen, als offenen Widerspruch, der jedoch nur wirkt, wenn eine Nähe überhaupt hergestellt ist. Ja, das Sterben muss aufhören! Oder finden Sie dieses Vorgehen etwa sadistischer als ein Schleppnetz, das sich an Bord gezogen mit Fisch übergibt, oder die Schlepptexte voller eingeseifter Tiere, die uns die Klimaliteratur nach oben befördert?

Das hier vorgeschlagene höchst falsche und kosmetisch unanschauliche Zusammennähen wird dem Fisch, im Namen des Fisches, vielleicht zugutekommen, auch wenn die Filethälften von Natur und Tier in dieser historischen Situation, in der das Maß unserer Umrisspolitik voll ist, immer weiter auseinanderdriften, und dazu zwingen, mit einer Menge gesellschaftlichem Druck, an dieser Drift sogar mitzuwirken, so halten wir die These dagegen, dass sie, die Umrisspolitik, sich gerade darin fortsetzt: eine Überfokussierung auf das Überlebenstier als Umriss der Natur sowie eine Vertreibung der Natur als Quelle der Unterdrückung aus dem Metaphernhort der Selbstbeschreibung des Menschen – eben ein sich überkreuzendes Schicksal, das uns als Muster genau zu dieser entgegenwirkenden Nähtechnik verleitet.

Also, los? – Moment! Fast beginnen wir dabei zu schielen, denn schon dieser Ansatz, jetzt mit erhobenen Händen, die Nadel und Faden halten, also das Vorhaben selbst, als Tierretter so ans Werk zu gehen, unterliegt bereits dem größten Herangehensparadox, dass das Zusammennähen von Fisch und Natur gerade ihren Zusammenfall verhindern muss (die Identität von Fisch und Natur), sowie umgekehrt, der drohende Zusammenfall beider (also auch die Exklusion der Natur aus der menschlichen Sphäre, soweit es nicht seinen unverfügbaren Körper betrifft, und das anschließende Hineinwerfen der Natur zu den Fischen ins Wasser, also die Fischzugewiesenheit der Natur) eigens der Ausdruck dieses Auseinanderdriftens ist, das wir mit dem Nähen aufhalten wollen.

Wir müssen mit dem trennenden Wiedereinfädeln des Fisches in die Natur dadurch auch gegen uns selbst annähen, und fast zittern uns die Hände dabei – denn mit der Ökologie so zu reden, ist zugleich so, wie mit einem Bombenentschärfer im Moment des Entschärfens, von dem noch nicht einmal klar ist, ob er nicht sogar schon verpasst ist, eine Diskussion über den Krieg zu beginnen.

Aber zu spät – wir können den Fisch jedenfalls nicht so aufgeschlitzt in Thema und Rhema liegen lassen. Beginnen wir einfach und setzen die Nadel an ...

Vom Fisch zur Natur: Nur er kann sie verkörpern,
sich/sie reproduzieren
aber er kann sie nicht herstellen, einzig
> Natur konnte die Natur :**Von der Natur zum Fisch**
> werden, weil sie mit diesem Akt bereits unter-
> worfen war, sie = Zwilling ihrer Ausbeutung
> (die zugleich einen nicht-ökonomischen Raum
> erst eröffnet)

Vom Fisch zur Natur: Der Fisch schwimmt bald
oben auf
der Horizontlinie *seiner* Lesbarkeit als *jene* Natur,
ein Unfabriziertheitshorizont, denn
> im Sinne eines Mediums ist das Wasser :**Von der
> Natur zum Fisch**
> eine Erfindung der Luft,

Vom Fisch zur Natur: die in der vereinfachten
Kontur des Fisches (Lieblingstiere) zugleich
prädestiniert ist, ähnlich
> der Horizontlinie. Übersichtlichkeit und :**Von der
> Natur zum Fisch**
> Ungefährlichkeit sind der Boden,

Vom Fisch zur Natur: auch dieses Zwillings:
Ausbeutung,
der zugleich auch die Erlaubnis erteilt, ihn so
dermaßen zu verletzen, ihn aus dem Gegenteilsraum in den Schredder der Rationalisierung
zu werfen (for free)
> Ironie, weil die Natur der Traum :**Von der Natur
> zum Fisch**

der Ökonomie von ihrem Gegenteil ist (frei),
Vom Fisch zur Natur: wird der Fisch ein Repräsentant

des Wissens der Freiheit, kein negiertes
(Geplätscher), sondern ein Wissen *der* Negation,
was nicht unblutiger ist,
    aber zugleich die Natur :**Von der Natur zum Fisch**
        (eben horizontartig = als selbstgeborene
            Außenachse der Landschaft)
        zu einem Standpunkt macht,
Vom Fisch zur Natur: der im Namen des Fisches
    Bedingung jeder Kritik an der Ökonomie ist, :**Von
    der Natur zum Fisch**
Vom Fisch zur Natur: die den Fisch fortlaufend zerfetzt,
und alles (als kostenlosen Wert) an den
Belastungsrand treibt,
    bis sie ihren Traum verschlingt. :**Von der Natur
    zum Fisch**
Vom Fisch zur Natur: Doch nicht nur, weil sie ihn
leiblich gefährdet,
    sondern auch :**Von der Natur zum Fisch**
    als Wertbegriff der Ökologie: denn als dieser ist
    sie die Ökonomie des unökonomischen Werts der
    Natur (als wertvolle Kostenlosigkeit).
Vom Fisch zur Natur: Schickt man den Fisch in
der Krise
nun aber als Wissensträger seines Naturwissens
ins Gefecht, gespiegelt (als Original des Derivats),
entsteht fischgestaltige Ökonomie,
    die paradoxerweise :**Von der Natur zum Fisch**
        (zweite Ironie)
    zu einer Kollision der Natur mit dem Fisch
        führt und sie bedroht, auch
        als Standpunkt der Kritik,

Vom Fisch zur Natur: denn sie ist nur eine unter
möglichen anderen Arten, den Fisch zu sehen
(Oberflächeneinstellung
des Würfels). Dreht man zusehr am Fisch,
        und sei es in ihrem Namen, **:Von der Natur
                zum Fisch**
    verschwindet sie. Sie geht aus wie eine Lampe,
Vom Fisch zur Natur: mit der man mit dem Fisch
innerhalb
eines Albtraums leuchten konnte, nicht nur zum
Trost, sondern um
sichtbar zu machen, was hier geschieht:
Entfremdung
    ist nicht nur schlecht, **:Von der Natur zum Fisch**
        sondern auch eine Fähigkeit.

Das muss genügen, zumindest ist hier zwar nicht der
Faden, aber vorerst der Fisch zu Ende. Wir könnten noch
von der drohenden Ertränkung von Karl Marx schreiben
oder von der Trockenlegung der Natur an Land, wo sich
in der unterdrückerischen Naturkonsistenz der Gesellschaft zwar erste Risse zeigen, sich die Naturgewissheit

als das gespiegelte Gute aber durch diese getrockneten Rissmuster hindurch einfach in tiefere Bodenschichten zurückzieht, wo sie trotz größerer Beweglichkeit als Metapher unauflösbar bleibt und gerade darin sedimentiert, dass sie sich *strukturell* fortsetzt, als Rhizom, Humunismus, Kompost, Symbiose, Schwarm, etc., alles auf der Fotoplatte tiefergelegter Wälder, die von einem Auge (als Horizont) gesehen wurden, der Wald als Werkzeug, aber das soll hier nicht mehr hin.

Wichtiger ist: Die Differenz auszuhalten, heißt, die Naht nun nicht zu fest zu ziehen, nichts Heroisches damit zu betreiben. Es geht vielmehr um ein performatives Problem, um den Umgang mit etwas Nicht-Selbstidentischem. Denn der Horizont, um den sich hier alles dreht, der Umriss, die Kontur, das Auge, die Landschaft, die Ökonomie, usw., der Horizont also, der die Demarkationslinie beschreibt, von der aus alle Tiere, die sich ihr nicht angeschmiegt haben und zugleich nicht mehr vernachlässigbar größer waren als diese, erschossen wurden, oder in Reservate gesperrt, wie die Menschen, denen wir diesen Horizont als Tiere übergestülpt haben, ist der gleiche Horizont, von dem aus diese Verbrechen überhaupt erst als solche erkannt werden, begangen und erkannt… und verrannt. – Doch da es sich eben nicht um ein Kausal-, sondern um ein Gleichursprünglichkeitsverhältnis handelt, ist damit nicht gesagt, dass die Entdeckbarkeit erst später hinzu kam. Es gibt keine historische Entschuldigung, da sie ihnen darin genauso voranging: *erkannt* und begangen und verrannt.

Wir machen also einfach einen Knoten, unfertig wie es ist, hinter dieser letzten noch folgenden syntaktischen

Verzwirbelung des Fadens (das Geräusch des Abschneidens werden Sie dann nicht mehr hören, weil der Text dann schon vorbei ist, doch ist die darin anklingende Verlegenheitspause bezüglich der Ungewissheit der Natur ihr eigenstes Strategem, sowie auch umgekehrt die ungewisse Zukunft der Natur nun auch die Gefahr in sich birgt, dass sie zu einer *gewissen* Art von Natur verkommt):

Vielleicht aber lässt sich das alte Böse im neuen Guten, dem alternativlos gewordenen Retten der Naturgegenstände, das sie jedoch als ökonomische Fingerschlaufe in eine auf das Überleben des Menschen zurechtgeschnittene Bestandsökologie integriert, das heißt, in den Tieren und Pflanzen die Kontur des Menschen (und in den Pilzen und Flechten ein »Bild« [s]eines Denkens) um so tiefer als Umriss nachzeichnet, und zwar eben alternativlos, da wir uns hier verfangen haben, man das Ganze auch nicht mehr anhalten darf, eher noch beschleunigen und straffen muss, denn gestorben wird tatsächlich, bis rauf zu uns, in diesem Pluralis Majestatis! – *vielleicht*

aber lässt

sich das alte Böse im neuen Guten damit zumindest einhegen, oder wenigstens kritisch begleiten, dass man auch die Natur vor dieser Art Überlebenstier schützt, einem Schutz der Natur vor dem Tier, und sie, wenn man sie loslässt, dann nicht zu einer Herz-Lungen-Maschine verkommen lässt, und das alles ausgerechnet mit dem Guten im alten Bösen, das sich hier entgegen dieser Rettungsrichtung mithineindrehen muss (Distanz! – als zusätzliche Ummantelung), als permanente Kritik, Kri-

tik auch am Guten, denn andere Mittel gibt es nicht, denn in der Vergegenständlichung der Welt, wie wir im Innern des zauberhaften und nun wieder geschlossenen Fisches zeigen wollten, in der Vergegenständlichung, die die Grundlage für die Ausbeutung ist, steckt zugleich auch der Sinn für ihr Gegenteil! – *ja, vielleicht*
lässt
sich, in Gestalt eines das ganze Material umfassenden zusammengezwirbelten Knäuels zwischen den Fingern, der Satz noch einmal und nun versuchsweise mit Abstand vom zugenähten und zum Fortschwimmen bereiten Fisch aufstellen – abstehend wie das Ende hinter einem von unbeholfener Menschenhand gemachten Knoten:
D i e
»N a t u r«
i s t der Traum der Ökonomie von ihrem Gegenteil, und wenn man sie weckt, um zu helfen, oder man sie nicht zumindest zwingt, zu helfen, indem sie zugleich draußen bleibt, ist der Traum aus.

Blick in die heiße Milch –

Man nehme an, dass das ganze Muster der Rationalität, wie man es vom Hochsitz eines Flugzeugfensters aus bei Nacht unten am Boden glimmen sieht, plötzlich als solches erkennbar wird: Erst im Steigwinkel, direkt nach dem Start, die neuronale Knotenbildung, also hinein, durch immer weitere Raffung, was sich dann aber, kaum betrachtet in der tiefgefrorenen Stille, mit einem Mal ausklinkt (ausfügt) – in die Eigenverantwortlichkeit der Verbindungsstraßen, die die Welt nun ohne Hilfe zusammenhalten, so tapfer, dass es einem aufgeht, um was es geht, man gewissermaßen zum Fenster hinaus hingerissen – doch eben als Muster – die Plätze tauscht, ein Licht aus Lichtern.

… und für die Überwindung der Unerträglichkeit der beleuchteten Kabine, die als wiederhereinbrechende Beziehungsform zur Umgebung so viel ferner liegt als der Ausblick in den Abgrund, die die Aussicht darauf jedoch verdirbt, müsste man, wenn es nicht Langstrecke ist, nun dazu noch rücklings den Mantel über Kopf und Schultern ziehen. Man müsste wie ein Schlafender aussehen und dabei sich mit Wange und Nase dicht ans Fenster pressen, sodass es beschlägt.

Und als würde man mit Absicht eben kein Herz oder sonstiges Zeichen malen wollen, ohne überhaupt zuvor auf diese Idee gekommen zu sein, es zu tun, etwas zu malen, müsste man das Fenster nun mit seiner ursprünglichen Klarheit neu grundieren, vom Nicht-Malen-Wollen zurück zum Ausgangspunkt – ein Ausgangspunkt zweiten Grades –, das Anheimelnde abwischen, mit dem Ärmel, ebenso die Tapferkeit, und es sich dann, nach dieser Vorarbeit, mit aller Kraft noch einmal anders vorstellen:

Eben gegen die Lichtverwandtschaft zwischen den Innereien der Röhre und den Lichtern am Boden, den Lichtern der flimmernden Bildschirme und dem Ausfurchen der Ortschaften an der Klinge der jeweiligen Umstände, tief in das Fleisch der Zeiten, oder zwischen der kortikalen Säule der Flugstrecke auf dem immergrünen Grund aus grundlosen Ländern und den echten Laternen, die unten echten Umständen den Weg leuchten

... und sich dann vorstellen, dass das Muster der Rationalität, selbst wenn es sich in den Wolken spiegelt, selbst wenn man hier so erhaben allein ist wie nirgends sonst, während der Nachbar, breitbeinig eingeschlafen, seinen Film ungesehen weiterlaufen lässt, dass das Muster eigentlich gar nicht aus diesen erleuchteten Bereichen besteht, sondern nur in sie kulminiert.

Ich denke mir dazu etwas kochend Heißes. Eine Flüssigkeit, die kochend in eine andere gegossen wird, die Pelle der Milch, das Erschrecken der Milch. Etwas ist in diese dunkle Füllmasse gegossen worden, dort unten am Boden, und die Ortschaften und Städte sind die Pelle dieser erschrockenen Milch, die an den Rand gesprungen ist, wo es eigentlich keinen Rand gibt. Die Randbildung in einem Meer aus einer leicht zu erschreckenden Flüssigkeit. Die Zentren im Muster der Rationalität sind ihre Ränder, die nun alles überstrahlen, so sehr, dass der Rest des Bodens pechschwarz wird und die Ränder wie Zentren erscheinen (»hingerissen«, doch eben als Muster).

Und auch das Flugzeug, das als ein Zitat dieses Schrecks aufflammt, bestätigt, was sich dort zwischen Licht und Licht abspielt, ein Funksignal aus einem Randbildungsvorgang, der sich durch das Hin und Her selbst befeuert und dabei abkühlt, Jahrhundert um Jahrhundert, jedoch ein und derselbe Rand ist, das Selbstgespräch, das sich von sich weg behauptet, im Blinken der Lampen an den Flügelenden, und eigentlich nichts zurücklegt zwischen sich und sich.

Der barrierefreie Blick (Overkill) –

Einer sibirischen Tigerin im Zoo von San Francisco gelang es, zu drei Jugendlichen, die sich zur Schließzeit am Weihnachtstag des Jahres 2007 noch am Rand ihres Freigeheges aufhielten, hinauf über die Mauer zu springen. Diese Ertüchtigung in ungeahnter Dimension war möglich, nachdem sie mutmaßlich von ihnen beworfen und, wie es hieß, verbal provoziert worden war (*teasing*).

Ist die feste Einrichtung einer Barriere als ein betonierter Möglichkeitshorizont von Verhalten denkbar, der reziprok von den Jugendlichen, da sie sich in Sicherheit der berechneten Höhe wähnten, ebenfalls und gleichsam als Möglichkeitshorizont ihres eigenen Verhaltens mitberechnet wurde (hinabblickend auf ein zumutbar aufgestautes Becken von ausgelösten Gefühlen), so war die Barriere im Sinne eines doppelten Rechenfehlers beidseitig zu niedrig. Nun aber nahmen die räumlichen Möglichkeiten allseits ihren freien Lauf.

Zwei der Jugendlichen überlebten schwer verletzt.

Der Tigerin hingegen, von der herbeigerufenen Polizei erschossen, wurde bereits in der Woche danach im Zoo ein Denkmal errichtet. Schon am Tag der Wiedereröffnung betrachtete sie, sich mit ihrer ergonomisch dargestellten tigerhaften Kraft zu sich selbst umdrehend, die in ihrem gerollten Bronzeschwanz niedergelegten

Sträuße. Ja, ausgerechnet durch ihren Sprung in die Täterschaft war es ihr gelungen, sich dauerhaft als Opfer zu zementieren.

Und vermutlich, weil es nicht nur ein denkwürdiger, sondern auch ein regnerischer Tag war, ist bei einigen der Stofftiger, die neben den Blumen und Briefen zu ihren Füßen und in die durch ihre Sitzhaltung zwischen Körper und Boden gebildeten Lücken drapiert worden waren, die Cellophanverpackung, in der man sie erstanden hatte, nun als Schutzschicht des nicht ins Freie gehörenden Spielzeugs anbehalten worden, auch, da es zugleich, zumal für Kinder, das vor Wasser zu schützende Innere der eigenen Trauer darstellte.

Das Denkwürdigste daran jedoch war unsichtbar, nämlich dass diese Lücken im Denkmal tatsächlich als Möglichkeitsraum dafür erkannt und genutzt werden (wie Bissstellen in einem unsichtbaren Fleisch, oder auch das ungemein Scharfkantige, fast Abbissartige des Plätzchenbackens). Und das wiederum liegt nicht allein, wie man auf den ersten Blick vermuten könnte, an der notwendigen Kompaktheit eines solchen zusammenstehenden Gendenkarrangements. Vielmehr sind es gerade diese Lücken, da sie sich um den bearbeiteten Teil der Tigerin herum befinden, die gegenüber dem Umriss als *natürlich* angesehen werden müssen, wie auch umgekehrt jeder Körper in der Natur offenbar nur dort ist, wo er jeweils ist. Hier aber, in diesem leeren Raum, wurzeln die Möglichkeiten, die unser barrierefreier Blick so leicht übersieht.

Das Tigerfreigehege hingegen wurde, ohne den Möglichkeitshorizont vor und hinter der Barriere noch einmal einem neuen Kalkül unterwerfen zu müssen, vollverglast (aus der Welt geschafft), sodass man sich in Betrachtung der Tiger nun leicht spiegelt und, neben dem eigenen vorversetzen Originaldasein, gleichsam mit ihnen gemeinsam als Bild in die Barriere hineinversetzt wird, ein Kompromiss, bei dem sich beide Seiten zugunsten der Sicherheit auf halbem Weg entgegenkommen.

*Dass die Tiere lesen, weiterlesen, so wie Weitsprung
Fliehen bis der Abstand stimmt, es stimmt
an das Zeilenende fliegen, zum Versteck des Affen
das Eselsohr an Stelle, wo sich der Affe befand*

Leben im Kern der Handlung –

Der aufrechte Gang hatte jenseits der evolutionsbiologischen Erzählung von der Entriegelung und Erweiterung des Gesichtsfeldes, der Entwicklung des Greifens, der Parallelevolution zwischen Hand und Gehirn, etc., Effekte, die, anders betrachtet, nicht von der Optimierung eines bereits als Subjekt gedachten Wesens ausgehen, sondern vielmehr entgegengerichtet, durch Dekomplexion und Weglassung funktionale Leerstellen im Körperbau haben entstehen lassen, nicht einfach Rudimente, sondern anatomische Höhlen, in denen das Subjekt im Schatten seiner vorgelagerten Handlungsfähigkeit erst eine geeignete Brutstätte fand. Vielleicht ließe sich sagen: Die erste von Menschen bewohnte Höhle entsteht in der Mundhöhle, unter dem funktionalen Schirm der Hände.

Ausgangsbedingung war das außen wirkende Werkzeug des Mundes als ein Bearbeitungsort auf der Schwelle. Der Werkzeugcharakter des Mundes ist infolge der Zeit verschluckt worden, das verschluckte Werkzeug, er wird eine innere Angelegenheit.

Schon auf den Bäumen galt: Die Hand zerkleinert die Dinge, die dem Mund zugeführt werden, und bereitet damit die Scheide zwischen Innen und Außen vor, die der Mund, in dieser Weise von der Hand funktional abgeschirmt, evolutiv zu werden beginnt, eine Schranke, mit einer neuen, nicht minder evolutiven Strenge. Was im Mund verschwindet, soll Innen sein, nicht mehr hinaus, was jeden Bissen auch hermeneutisch macht, da er punktgenaue Zugehörigkeitsverhältnisse klärt, sie weniger durch Mitmischen herstellen muss, als sie einfach deklariert.

Diese Form der Ernährung setzt in der Evolution noch einmal tiefer an, das lichtschalterhafte An- und Ausknipsen von Dingen, die da und plötzlich weg sind, jedoch vor den nachdenklichen Augen eines komplexen Säugetiers.

Eines der Geschenke liegt somit hier, in der Verarmung eines Werkzeuges, das eigentlich zu mehr fähig war. Der Primat betritt damit bereits vor dem aufrechten Gang eine Verdopplungsgeschichte: das Füttern des Mundes. Mögen Nagetiere dabei ähnlich aussehen, sie heben doch alles nur an das weiterhin außen arbeitende Werkzeug empor; es entsteht keine Ruhe im Kopf (Arbeit als eine Kapuze). Und in die andere Richtung entflohen ist z. B. der Elefant – statt einer Übertragung der Aufgaben der Mundwerkzeuge auf die Hand, ist ihm die Hand ins Gesicht gewachsen.

Hier jedoch wird Selbstpflege Quelle der Selbstteilung. Der Primat ist zweimal da: Der Kopf bewohnt seine Handlung in der Gestalt der Hände, die ihn behandeln, als wäre es ein Dialog. Die Mundhöhle wird damit die Höhle, in der sich das Subjekt im geizigen Dunkeln zu sich selbst anstiftet.

Der aufrechte Gang hatte nun eben diesen anderen zentralen Effekt, den Graben zwischen Kopf und Hand weiter auszuheben, tief genug, um ihn irreversibel zu machen. Denn er führt dieses angefütterte Subjekt triumphierend in die falsche Umgebung ein. Unterwegs zum Fleisch, ohne passende Zähne, ohne passenden Magen, verästelte Fingerfertigkeit ohne Ast, über die Armlänge ins Gegenüber des eigenen Kopfes verzweigte Selbstbelohnungssysteme ohne griffbereites Obst, und selbst noch einmal verstärkt sichtbar im Kostüm der Beute, so arbeitet der Hominide an der Selbstbeobachtung der Hand als ein Geschehen, das über sein Schicksal entscheidet, was die Selbstverdopplung endgültig manifestiert.

Hand und Kopf laufen nun rasch in entgegengesetzte Richtungen auseinander. Aus den Nägeln sprießen Hämmer, eine ganze Armada mobilen Exoskeletts. Die Hände vererben das Gebiss an die Steine. Sie räumen den Kopf leer. Der Kopf jedoch zieht sich in einen Kernbereich dieser Handlungen zurück, entlang der Knochenschiene, trotz Schwellung des Gehirns.

In dieser tektonischen Bewegung, auf einen Begriff des Selbst zu, verkanten die Sinne zueinander. Der Geschmack wird intim – Fehler werden nun im Innern begangen –, der Geruch wird penetrant oder koppelt sich an das direktionale, bewusste Einatmen, was ihn dem Mund, da die Schleuse hier durchstochert wird, konkurrierend entgegensetzt; und die Welt wird sichtbarer, oder überhaupt sichtbar, nicht nur, da das Gesichtsfeld von den Händen freigehalten wird, sondern gerade durch den Kontaktverlust. Alles Dinge, die kein einheitliches Bild mehr ergeben; die Gleitsichtbrille, die die Tiere aufhaben (das Handeln, ohne zu handeln), fällt in einen Spalt zwischen Subjekt und Objekt und zerbricht.

Der Kopf sitzt nun bald in einer Art Haus mit einem Vorhof, eben als diese Verdopplung. Das Bild dafür ist die Zelle: Die Reichweite der Hand, stellt man sie als Sphäre dar, kugelförmig, ist die Membran, die den Kopf als eine Art Zellkern ins Innere ihres Wirkfeldes verlegt. Ein Kontakt zweiter Ordnung. Es ist der endgültige Einschluss der Person in ihr Handeln – der Gründungsmoment, in einer Geschichte vorzukommen.

Und je innerlicher der Mund, desto mehr bereitet sich parallel auch das vor, was man im Wortsinne als »Äußerung« bezeichnen könnte. Mittelbarkeit des Mundes versus sprachliche Vermittlung. Dem vorgewölbten Knochenmund saß der Geruch wie eine Grubenlampe am Helm auf, um eine unendliche Erkenntniszeile zu lesen, nun entsteht, durch das Zurückhalten der Teilnahme, die Möglichkeit zum Text aus der Möglichkeit zu schweigen. Das Befreien des Gesichts aus der Schrift, das das Lesen erst möglich macht.

Dabei macht das Essen vor, was die Sprache und das Wesen der Repräsentation sein können, das Gegebene als Gabe, vorverdaut mit der Hand (die äußeren Zähne), voranalytisch als Begriff; das Nagen an den Knochen der Namen, das Zerbrechen von Ästen auf dem Knie eines Gedanken.

Mobile – Zur Reichweite entzogener Vorstellungen

Man muss es sich in den herrlichsten Farben vorstellen, wie die Natur, nach dem kurzen Auftritt des selbstmörderischen Menschen auf ihrer Bühne, nun seinen Abtritt genießt. Das Aufatmen allerorts! Pinke Sonnenuntergänge, die nicht kitschig sind, da hier keine Menschenhand, die sich an ihrer Authentizität noch vergreifen könnte, mitwirkt. Delphine, die rücklings keine Parade abhalten – nun, wo die Ketten der Meridiane sich vom Schwimmbeckenrand gelöst haben, versinken und verwittern –, sondern darin aufatmen, dass sie in Erhabenheit gerade mit dem fortfahren, worin wir sie gestört hatten, nämlich rücklings Paradieren! Wie sich die Würde der Tiere also in dieser fehlenden Bezugnahme auf uns letztlich durchsetzen wird – lag die angekündigte Persistenz doch schon immer in der fehlenden Gegenwehr des Opfertiers (taking the high road) –, als die des Klügeren, so ist nun parallel der Frieden nach uns zugleich die Dummheit einer ungestörten Totalform dieses Bezugs (mit dessen Bezugslosigkeit der Mensch sich in diesem Bezugsverhältnis selbst betrogen hat).

Der erste Spatenstich zur Auslöschung der Natur liegt schon weit zurück, für unsere Begriffe, in den Quanten der Akzelerationszeit, und er ging noch direkt ins Fleisch. Doch gerade die Vorstellung der menschenbereinigten Natur ist der finale Akt, sie nun vollständig auf dem Blatt des Spatens durch den Garten zu tragen.

Denn je geschlossener die sich ringsrum wie eine Grasnarbe abreißende Vorstellung von ihr, gerade mit der Geschlossenheit des sich selbst aus ihr ausschließenden Menschen, je mehr sie also ohne ihn gedeiht, desto mehr geht sie ein, ein in seine Vorstellung.

Eine seltsame Geste, dass der abwesende Träger, der hier als Gartengespenst mit seiner Michelmütze und in Gummistiefeln eine Natur »ohne ihn« durch das planetarische Gewächshaus trägt, dabei aber nicht nur als

Lampe, die ihm den Weg ins Gewissen leuchtet, von sich selbst überholt wird (als seine Strafe), sondern sich überholt, auch im Sinne von »instand gesetzt«, im Sinne seiner Restauration.

Der Mensch gedeiht nämlich im Gegenzug zur Natur nirgendwo so gut wie jenseits seiner Reichweite. Dass er zugleich auch zur Natur gehört und mit ihr den Bach runter gehen wird, ist dabei nicht unbedingt nur als Konzession dieses Satzes zu denken, oder als ein paralleles »eben auch«, sondern markiert vielmehr das Feld, in dem seine Vorstellungen operieren, die eben dort am besten gedeihen, wo sie (selbst im Nahbereich, oder vielleicht gerade dort) außerhalb seiner Reichweite liegen. Und das wiederum nicht, weil er die Natur nicht etwa anfassen, schützen und pflegen könnte (dieser Idiot), so wie er sie auch unterwerfen, vernichten und opfern konnte, sondern weil die beziehungsmäßige Vorstellung einer nicht auf ihn bezogenen Natur selbst die Beziehung ist, die er Natur nennt.

So geschieht hier eine Form der Restauration, die sich mit der Strafe selbst belohnt, da sie im beziehungsmäßigen Pathos, das Feld der Natur in Gestalt der Tiere und Pflanzen sich selbst zu überlassen, vergisst, dass die menschenvergessene Nicht-Beziehung schon die Struktur der Natur *als* unsere Beziehung zu ihr ist – wodurch sich gerade im Naturgewissheitsgeschenk, das wir der Natur vererben, ein Fluchtweg aus unserer *jetzigen* Verantwortung eröffnet, der so geschummelt und so holprig ist, dass die dabei zugezogene Verstauchung der beiden Formelhälften – von »Nichtbeziehung« und »Beziehung« – den ganzen hier vorstellungsmäßig weiterlaufenden Tierfilm unserer Abwesenheit verwackelt, das ganze Material versaut, und es zu einer seltsamen Doppelbelichtung der Motive kommt, etwa wie:

»Vor sich hin landschaftende Landschaften / Pferde, die sich in Abwesenheitsfreude der Reiter als unberittene Reitergruppe auf der Lichtung treffen / Esel, die alles Wissenswerte über den Weinberg abgeschüttelt haben und nun die Natur selbst den Berg hochtragen, über ihnen, der Dampf der Freiheit / das Licht, das über den Kamm geht, über den niemand mehr geht / eine Karawane der Unlast / und auch Seepferdchen, die weiterhin wie Fragezeichen aussehen, von Fragen, die niemand mehr fragt, weil es endlich still ist.« –

Das heißt, diese Einverschmelzung des Menschen in die verwackelten Konturen seiner Abwesenheit ist gerade als Nicht-Beziehung von einem Höchstmaß beziehungsmäßiger Theatralik geprägt, sich aus dem Staub zu machen, indem man ihn aufwirbelt, oder sich aus Liebe zu Unbekannten von den Klippen zu werfen, mit dem Trost, die Betreffenden würden sich immerhin selbst kennen, und die Liebe sowieso!

Dieses mehretagige Paradox der menschlichen Vorstellung einer in sich harmonisierten Natur, die sich dinglich jedoch nicht auf ihn hin einlöst, es sei denn durch den Zugriff kolonialer Appropriation, die nun – Strafe hin oder her – dieses Verhalten mit seinem Selbstausschluss quittiert, und doch aber seine ist, nicht, weil sie ihm gehört, sondern als seine Vorstellung einer Natur, die gerade im Anspruch auf Harmonie auf ihn bezogen bleibt, kann eben so weit gehen, dass sie in seiner Abwesenheit stärker triumphiert als irgend sonst, stärker jedenfalls als mit ihm, da er mit seinem unverfügbaren Körper, als Restnatur, immer noch daran gehindert war, sich die Natur *ganz* vorstellen zu können.

Ist der Körper, so betrachtet, eben nicht nur Garant unserer Naturzugehörigkeit, sondern zugleich die Wunde, mit der sich die Natur vor dem Verheilen zu einer geschlossenen Vorstellung schützt, so lebt der Mensch nun um so vollständiger und unnatürlicher in ihr fort, je mehr er sich wegdenkt.

›Angespornt menschliches Gedeihen, außerhalb seiner Reichweite‹, gilt dabei nun im Entferntesten wie im Nächsten.

Das Gebilde etwa eines Millionen Lichtjahre entfernten Waldplaneten, der außerhalb jeder technischen Möglichkeit liegt, ihn je zu erreichen, der somit in der Vorstellung als geschlossener Horizont einer auf sich selbst bezogenen Natur am Himmel weit oberhalb jeder Verschluckungsgefahr über der menschlichen Sphäre pendelt und auch bedeutet: »Es geht auch ohne dich, mein Sünder!«, pendelt zugleich nicht viel höher als das Mobile über dem rücklings fixiert daliegenden Kind. Denn so wie sich das Kind als Beobachter ihm entzogener Vorstellungen in der Andersheit der eigenen Beziehung zum Gesehenen übt und die Nichtbezogenheit der Objekte gerade als eine höhere Raffinierungsstufe beziehungsvollen Sehens erlernt, die Objekte anschärft, noch bevor es sich überhaupt selbst erkennt, so ist dieser Planet gerade in seiner Geschlossenheit noch menschlicher als die Erde selbst (frei nach Hase und Igel).

Und das bedeutet eben auch, dass der direkt vor der Haustür stehende Wald, der als unser Ursprungshorizont verdunkelt ist und scheinbar verkörpert, dass der Mensch nicht mehr unter das Niveau seiner (sprachlichen) Beziehungen zurückfallen kann (aus der authentischen Beziehung zu ihm vertrieben ist), zugleich im firmamenthaft offenen Reichweiten-Paradox steht, dass die Nicht-Beziehung eben diese, wir sagten es schon, (sprachliche) Beziehung ist, und ihm gerade darin als eigenstes Beziehungselement nun aber nicht nur erkenntnistheoretisch aufgeschlossen, sondern geradezu *auferlegt* ist, in einem politischen Sinne, als ein Schutz der Natur vor ihrem vermeintlichen, doch heimlich umso menschlicheren Selbstvertretungsanspruch, den er ihr unentwegt zuschiebt, selbst in der absurd auktorialen Erzählung seines Verschwindens.

Ist es nun Faulheit oder ist es Fleiß? Eben im Blick auf dieses im Reichweiten-Paradox pendelnde Mobile bleibt sich der Mensch auch als Apokalyptiker in dem aus der Liegeposition zugeschobenen Selbstvertretungsanspruch der Natur treu, und sei es auch hier die Liegeposition des im Dilemma seiner Einfriedungen erschöpft und erledigt daliegenden Holzfällers, der nun auch noch unter ihr begraben werden will und damit, dass er überhaupt auf diese Idee kommt, sich von Bäumen ersetzen zu lassen, seine Treue zur Axt beweist, weil die Natur als Reichweiten-Paradox der selbstwachsende Raum eines in sie hineingeschlagenen Friedens ist.

Er wiederholt damit auch die Schlagkraft, mit der er selbst Hand angelegt hatte. Dem Opfertier ging es nie als Platzhalter einer Beziehung, im Sinne einer symbolischen Ordnung, sondern als die direkteste Beziehung dieser Nichtbeziehung durch die Kehle (Isaaks Wurzel ist der Adamsapfel des sprechend bestimmten Tiers, der Adamsapfel, an dem die Klinge ansetzt), so wie die Natur nun, weil tatsächlich gestorben wird, ihn als sein eigenes beziehungshaftes Opfertier verschlingt.

So beginnt sich dieses mehretagige Mobile der Natur in den Sternen – »der Wald, so unerreichbar wie die Sterne« und »die unerreichbaren Sternenwelten voller Wald«, zu denen sich nun auch die vorgestellte menschenlose Erde gesellt, die sich in der vierten und letzten Zündstufe der Überwindung ihrer Zentralstellung damit umso zielsicherer in den geschlossenen Bannkreis menschlicher Reichweite hineinkatapultiert –, beginnt also das Mobile sich mit der Schwungkraft der zuvor gegenteilig aufgezwirbelten Schnur, nun aber, und dabei genauso überspannt, in die andere Richtung zu drehen, und es bleibt doch der Struktur nach – Fleiß oder Faulheit? – eine Geschichte der Zerstörung.

Was heißt das nun aber bezüglich der Rolle des Apokalyptikers?

Zuallererst, dass der Apokalyptiker kein Exzentriker ist. Er denkt die Menschenleere zutiefst aus der Menschenmitte heraus und geht dabei instinktsicherer der Spur nach, dass Natur tatsächlich etwas mit Verbannung zu tun hat. Doch erzählt er uns seine Verbannungsgeschichte so, dass wir dabei eng zusammenrücken und uns nicht einmal zu bewegen brauchen. Denn mit dem menschenabschüttelnden Sprung, den er aus der Zerstörung der Natur wagt, stellt er sich in dieser münchhausenhaften Unternehmung zugleich hinter die Ursachen an, die zu überwinden er im Galopp seiner vermeintlich gesteigerten Liebe zu ihr angetreten war.

Und er produziert schließlich in seiner eisigen Vorstellung des Endes desjenigen Kollektivs, dass der Gerechtigkeit seiner eigenen Vorstellungsräume nicht mehr gerecht wird, der Gerechtigkeit des Opfers, zugleich ausreichend Nestwärme, da mit dem platzmachenden Menschen eigentlich die Verdrängung der Natur ausgerechnet in die Enge eines menschenleeren Planeten markiert ist, auf dem der Mensch in Gestalt der Tiere das Kostüm seiner Abwesenheit trägt.

So zieht uns der Apokalyptiker den Reißverschluss am Pelz dieser zu uns gewordenen Tiere bis über den Kopf zu, und die sprachliche Vorstellung, dass nicht mehr gesprochen wird, ist dabei noch ein wärmendes Innenfutter.

Das sind die Reisebedingungen der Apokalypse als Safari: Ein Mensch, der sich verbannt, indem er sich vertreten lässt, von seinem moralisch überlegenen Opfertier, das er gerade in der Transfusion der Größenvorstellung und im Rollentausch der darin Beteiligten mit frischem Blut versorgt, angetrieben, weiterhin, und nun erst recht, von den Sporen eines zugeschobenen Selbstvertretungsanspruches – als die Natur der »Nicht-Beziehung«, als das zum Natur-Sein aufgepeitschte Tier, das *für* uns sieht, indem es menschenblind ist.

So wird die Natur als Geißel ihrer Körper vertröstet auf den Tag des Inkrafttretens ihres ungestört menschlichen Repräsentationszusammenhangs, die Horizontkatze, die sich blau wie der Himmel schmusend auf die Hügel legt, nicht Augen zu haben, sondern der Blick auf sie *zu sein* – so hat der Mensch die Erde nun für sich.

Die größte aber der Bequemlichkeiten in den Reisebedingungen des Apokalyptikers ergibt sich aus der vektoriell zu uns nach vorn verlagerten Jetztzeit seiner Prophetie, mit der sich die Kontinuität des aus dem Liegen zugeschobenen Selbstvertretungsanspruchs der Natur in eine Ökologie einzuschreiben beginnt, die sich mit den Tieren und Pflanzen im Apokalypsemodus beschäftigen muss und gerade darin tragisch ist, dass sie nicht nur Recht damit hat, schwarz zu sehen, sondern mit der Schwärze auch zum Zuge kommt.

Denn tatsächlich haben wir keine Zeit mehr, uns im Alarmzustand um den Naturüberschuss des Kreatürlichen in einer Weise zu kümmern, dass sich der in ihm erblickte nachwachsende Wert des hineingeschlagenen Naturguten als ein zugleich uns und unseren Ökonomien gegenübergestellter Raum regeneriert; keine Zeit mehr für Dinge, die nicht unmittelbar als das in der Natur zu reproduzierende Überleben des Menschen gesichert, bzw. wiederhergestellt werden müssen, als seine eigene Ursache, als die Geburt der Mutter durch das Kind. Wir haben keine Zeit mehr, die beziehungsvolle Nichtbeziehung nicht doch am Ende ganz aufkündigen und mit einer unbezogenen Beziehung ersetzen zu müssen, nämlich der, dass sich unser Überleben in die Gestalt der Tiere und Pflanzen stellvertretend hineinverdrängt, ganz so wie es der Apokalyptiker heimlich erträumt. Hat er uns gezeigt, wie lebendig und bequem man es sich in seinem Tod einrichten kann, in der Natur einer geschlossenen menschlichen Vorstellung – so wird sie zu einer solchen erst recht nun als unser Produkt.

Wer bringt sich hier in Sicherheit? (Ionas fährt für Gott unsichtbar im Wal davon, er tritt eine Flucht ins Tier an, statt vor der Apokalypse zu warnen, die immer auch ein

Geschehen im Schöpfungsgesamtzusammenhang ist, in einem akut fehlgeleiteten menschlichen Verhalten, das sich, egal, wie er es ausrichtet, in einer von ihm verstandenen Welt seiner Beziehungen umtut, und der vor allem einem nicht entkommen kann: der Reichweite seiner ihm entzogenen Vorstellungen.)

Das eben ist die Drehbewegung des Mobiles, das sich, genauso überspannt, nun in die andere Richtung zu drehen beginnt.

Haben wir, als es in die eine ging, mit der konventionell hässlichen Industriemaske auf die Natur als unser schweigendes Opfer eingearbeitet, eine Maske, die sich jedoch perfekt für dieses Dichotomienspiel als zerstörender Konservator des ihr gegenüberstehenden Naturguten geeignet hatte, haben wir also in die eine Richtung drehend, die Tiere und Pflanzen unter den Teppich der Natur gekehrt, im Glauben, die Natur würde sich in eben diesem Selbstvertretungsanspruch als ein unendlich nachwachsendes Prinzip ebenso immer wieder von der Dezimierung ihrer Platzhalter erholen, so spult es sich, in die andere Richtung drehend, nicht viel besser ab, dass wir nämlich nun die Natur unter den Teppich der Arten kehren, dass die Tiere und Pflanzen an genau der Stelle mit der Natur weitermachen sollen, als eine ihnen in Selbstvertretung zugeschobene menschliche Beziehung in Gestalt einer Nicht-Beziehung, wo wir sie unter ihren Echthaar-Perücken menschlichen Überlebens bald kaum noch als einen »Raum« außer uns entziffern können.

Das Mobile, ausgerechnet ein Kinderspielzeug (das ohne den Menschen jeden Sinn verliert, denn die Natur kommt mit den Tieren, aber sie geht mit dem Menschen), scheint nun zumindest das geeignete Werkzeug zu sein, um die Rolle des Bannkreises der Natur noch einmal anders zu deuten, unheroisch, nicht im Sinne von »verbannt«, wir, die wir aus ihr verbannt sind, sondern als einen Bannkreis, der sie sogar gegen die Tiere verteidigt, wenn wir als Apokalyptiker erst in sie hineinzuschlüpfen beginnen.

Der Bannkreis der Natur ist dabei eben gerade auch der Standpunkt, der den Menschen vor sich selbst schützt, von dem aus er sich selbst betrachtet und seine Ökonomie aus dem *Anderen* seiner Beziehungen heraus umschließen und begrenzen kann, das heißt ein Bannkreis, von dem aus er, eben durch die Tieraugen, die seinen Blick *nicht* erwidern, auf sich und sein Handeln schaut. Es ist eine in einer eigenen Weise schützenswerte Qualität des Reichweiten-Paradoxes, in dem die Natur steht, dass der Bannkreis, dessen Beziehungslosigkeit eine Beziehung ist, bereits da ist, wo er nicht ist, bereits da ist, wo es leer und wehrlos ist, und umso überlegener auf den Menschen zurückschaut und den Kopf schüttelt, wo das Tier ihn bei seiner Tötung stillhält.

Die Natur von den Aufgaben ihrer Selbstvertretung, die sogar in unserem Todesurteil liegt, freizusprechen (denn wir sind ihr als unsere Beziehung zu ihr nicht egal), wäre ein erster Schritt. Doch es wird wohl anders kommen, unter unserem Mobile, weil wir keine Zeit mehr haben.

Nach der generalstabsmäßigen Aktion, die Tiere wie Steine von der Ladefläche in den Gewerbehof zu kippen, werden wir nun bald mit versteinerten Tieren um uns werfen.

Der Wal –

Die Kirche ist ein gestrandeter Wal. Sie ist in ihrer kolossalen Materialität noch da, ein gebundener Organismus, der lebt, aber schon nicht mehr kann, weil er sich in seinem schwerfälligen Körper selbst zum Verhängnis wird. Man kann hingehen und ihr ins Auge schauen, aber nicht mehr viel tun.

Dass sich die Untauglichkeit zu leben als eigener Körper erweist, weil der Wal nicht erstickt, der feindliche Raum zugleich die Lebensfähigkeit als Atemluft erst mitbegründet, führt dazu, dass hier der Zusammenhang von Körper und Medium insgesamt ein nicht mehr zu enthedderndes Rätsel wird.

Im Wasser ersticken, an Land von sich selbst erdrückt werden? Wonach soll man sich in dieser Sterbestunde (die nun so viel neuer ist als diese alte Frage) sehnen, wenn die Rettung nicht in der Totalität des medialen Gegenteils steckt?

Konstitutiv unentschieden – eben auf diesem Gebiet der Hermeneutik ist der Wal eine Meisterleistung. An Land gegangenes Wasser, ins Wasser gelassenes Land. Ein Wunder darin, an dieser hauchdünnen Oberfläche zugleich als größtes Tier untergebracht zu sein. Die größte zum Leben erweckte Masse befindet sich in einem Lebensraum, der nicht aus Räumen besteht, sondern aus der Technik, sie zusammenzuhalten. So ist die Fortbewegung des Wals ein Nähen, immer wieder das Landleben ins Wasser einzufädeln, und umgekehrt beim Austritt die Totalität des Himmels mit Ironie zu benetzen. Unentschiedenheit ist hier als Lebensvoraussetzung auf den Weg gebracht.

Und auch seine Ernährung ist bezeichnend, eine Form der Gnade; er beißt nicht ab, sondern behält bei sich, indem er ausspuckt. Gnade auch, dass die, die ihm ihr Fleisch borgen, nicht an ihrem Fleisch bemessen sind. Es ist das Fleisch des Mediums selbst, ein Meeresfleisch, kaum, dass man es als solches wiederfinden kann.

Wohin soll man ihn nun also bringen, wenn er das Ufer sucht? Oder *ist* er es nicht? Denn schlimm, wenn sich der Wal als Wal entdeckt. So lassen sich zwar die Filethälften in Thema und Rhema teilen, wie bei Fischen, er aber entzieht sich der Dialektik nach wenigen Tagen an Land durch Explosion.

Könige der Harmlosigkeit –

Jene überragenden Helden der Natur, wie z. B. Löwen, Bären und Elefanten, die mit ihrem epischen Körperbau zugleich halbwegs in der gleichen Welt vorkommen wie wir (genauer, der Erzählwelt des Sprechers) – Luft atmend, säugend, und mit stark bezugnehmender Mimik –, die also mit hinreichend sozial ausgerichteter Intelligenz in trockenen Gegenüberstellungslandschaften unterwegs sind und sich, aus welchen Gründen auch immer, dabei evolutionär auf ihre Kraft gründen (auf die tönernen Füße einer Kraft, die damit sowohl zur ihrer Zerschmetterung als auch in das Paradox einer saugfähig-trockenen Repräsentation einlädt, der Legende), sodass sie in diesen versammelten Bedingungen im Körperbau des Menschen eine jeweils übertriebene Entsprechung seiner selbst anbieten (eine Art *Enhancement* des unterlegenen Jägers, mit dem er sein Opfer zum Rollentausch, auch über den Umweg des drohenden Rückfalls in einstige Rollen herausfordert) ...

Jene überragenden Helden der Natur, wie z. B. Löwen, Bären und Elefanten, die mit ihrem epischen Körperbau zugleich halbwegs in der gleichen Welt vorkommen wie wir (einem Wir, das männlich konstituiert ist, sowie auch »säugend« nur insofern, als dass sie davon unwiederbringlich abgestillt und eigens dafür trockengetupft männlich gedacht sind), die anderseits aber ausgezeichnet sind, und zwar ebenfalls in einer spaltenden Konstituierung, durch den Besitz einer eingebauten Sicherung, den Menschen, als der sich der Sprecher ihnen nähert (und damit auch seine eigene Gattung in Haft nimmt), nicht grundsätzlich genug im Sozialgefüge artübergreifender Interaktion als dominierende Kraft anzuerkennen, als dass man bei erzwungener Vergemeinschaftung mit ihm ihre Käfigtür auch auflassen könnte; d. h. ihre Neigung zum Rückfall, ihre Naturrückfälligkeit, die, falls ihnen diese Sicherung durchgeht, erheblichste Konsequenzen hat und den Sprecher in die Gemengelage seines bescheidenen Ausgangspunkts blitzschnell zurückzuversetzen vermag, sodass diese Sicherung zugleich auch einen Kupplungspunkt darstellt, eine Aufhängung, an der das Schlepptau erzählerischer Kultur sie in einem polternden Topf durch die Naturmetaphoriken aller Zeiten befördert hat, ganz gleich, ob das Töten und Tötenkönnen nun den Ordnungen, Sozialgefügen und Ernährungsweisen entspricht, die sie in der freien Wildbahn auszeichnet – Tiere also, die sich gerade deswegen nie aus der dem Menschen gegenübergestellten Natur-Gefahr ausgruppieren ließen, weil sie auch im Spiel töten können, die die Beziehung also, die sie zum Menschen aufzubauen fähig sind, gerade auch in ihrer Erfüllung enttäuschen (wenn Kühe z. B., mit ihrem rücklings ausgeführten Tritt gegen den Gong der Welturache, wüssten, wie stark sie sind) ...

Jene überragenden Helden der Natur, wie z. B. Löwen, Bären und Elefanten, die mit ihrem epischen Körperbau zugleich halbwegs in der gleichen Erzählwelt vorkommen wie wir (ein Wir, das diesen Spalt in mannigfacher Wiederholung geschlechterübergreifend internalisiert hat, eigens dafür auch vierhändig erzogen), nennen wir königlich oder gar Könige, und das sind sie, nicht weil sie am Ende einer ohnehin zirkulären Nahrungskette stehen, sondern weil sie genau an jener Schnittstelle »gefährlicher Zugehörigkeit« zur Sprecherposition untergebracht sind, sodass es für diese Art Taxonomie wichtig ist, dass sie weder als unzähmbar noch als zähmbar gelten, sondern austariert sind im Rätsel der Halbzähmbarkeit, nicht Feind, aber auch nicht Freund, und dies wiederum nicht als Gegensatzpaar, sondern in der Gemeinsamkeit, dass sie im entscheidenden Moment in beidem zu wenig auf ihn, den Sprecher, ausgerichtet sind, und daher eher Differenz herstellen, wo Hoffnung besteht, und Hoffnung erzeugen, wo der Unterschied sie gefährlich macht – blendende *und* blinde Freunde, die im Angesicht eines sehenden und zugleich durch ihn hindurchsehenden, ihn durchschauenden Auges gerade so weit vom Sprecher entfernt sind, dass er sich in einem Missverständnis in ihnen spiegeln kann, was z. B. Affen wegen einer Überschreitung dieser Spiegelungsfähigkeit des Missverständnisses aus der Königsposition ausschließt, eben weil es zu viele Verständigungsbrücken gibt, über die der Sprecher ihnen in die Enttäuschung seiner Selbsterkenntnis entgegeneilen kann ...

So sind sie aber, diese Zugehörigen und doch unüberbrückbar Fremden, er selbst, wenn er selbst es wäre, der sich nicht sieht, und noch dazu, wenn es um das Kräftemessen der Körper geht, stärker als er, wenn er selbst es wäre, der sich nicht sieht, und dadurch auch gerade in der fehlenden Anerkennung innerhalb eines vorgestellt blinden Selbstverhältnisses umso grausamer und gerechter, was ihre Bestimmung im Tierreich aus dem Rechtswesen, bzw. aus der Geschichte des Begriffs des Souveräns herleitbar macht.

Eine Freundschaft z. B. würden wir dem Löwen nur verzeihen, wenn sie uns rein individuell als Einzelne mit in seine Fremdheit entführen würde, die uns zugleich aber auch gegen unsere Gattung stellt, unseren Mitmenschen Angst machte (oder der Löwe müsste zumindest wie der Blumenbergsche für andere unsichtbar oder, wie der des Hieronymus, ausgerechnet durch den Stachel der Natur in eine allzu menschliche Verlegenheit gebracht sein, die ihn seinerseits daran erinnert, dass er zu *uns* gehört, dass er als König, der die Körper regelhaft in sich einschließt, doch selbst in einen Körper der Ausnahme eingeschlossen ist – die zwei Körper des Königs –, bereit, dieses Geheimnis mit dem Retter zu teilen, sodass es sich zwar als Legende souveräner Außerkraftsetzung verbreiten kann, jedoch nicht regelhaft wiederholt), ansonsten gäbe es schon Löwenmilch und Bärensteaks im Supermarkt, treu wie wir unseren Freunden sind.

Und umgekehrt kann der Affe aus der dysfunktionalsymmetrischen Freundschaft in eine Königsposition unter den Tieren nur aufsteigen, wenn gegenseitige Erkennbarkeit durch ein Skalierungsspiel in den Maßstäben des King Kongs verloren geht, der Sprecher sich vom Berg seines eigenen Fleisches herabblickend nicht mehr unter den Einzelheiten seiner Lebenszusammenhänge zu erkennen vermag.

Und auch hier kann der Affe, als Freund im König ausgeschlossen, nur diejenigen Einzelnen von uns ausmachen, die in ihrer Auswahl, obwohl (oder gerade weil) er für das Kollektiv blindgestellt ist, die Selbstähnlichkeit der Erzählkategorien des Sprechers zugleich bestätigen. So wählt King Kong, aus der antikolonialen Enttäuschung in die Sphäre der in der Selbstähnlichkeit enttäuschten Freundschaft hinabgebückt, die unter uns, die wir bereits für herausgestellt halten (eine ausgesonderte Natur, die uns zugleich aus der Mitte repräsentiert, die vom männlichen Sprecher abgenabelte Frau), und wählt damit mit verbundenen Augen in der Ikone das *Richtige*, sowie auch der Körper des Freund-Königs zu einer Anatomie der Kränkung angeschwollen – und ganz im Sinne des Erzählers –, sich mit aufrecht stehender Nicht-Erkenntnis dem Nicht-Erkennen-Wollen des Sprechers spiegelsymmetrisch entzieht.

Es handelt sich somit um einen schon körperlich in sich gescheiterten König, dessen genetischer Fehler der Freundschaft sich auch in seinen Handlungen fortpflanzt. Die Gekidnappte zappelt emporgehoben auf Halbhöhe der Symmetrieachse, eben jener Spiegelungsfähigkeit im Missverständnis, als sowohl der letzte, wenn auch in der Raserei schon vergebliche Versuch einer möglichen Kontaktaufnahme mit uns – also ein Verständnisbeweis im geteilten Geschmack des Sprechers –, als auch bereits als die Trophäe ersten Ranges, die der Affe uns in die Welt seines Unverständnisses zu entreißen droht. Der Sprecher sagt dann: »*It was the beauty that killed the beast*«, und meint doch damit, dass die Ambivalenz der Auswahl selbst die Ursache der Zerreißprobe ist, sich somit im Innern des Königs vollzieht.

In diesem Höhenschauspiel aber ist für die Betrachter am Boden nicht zu erkennen, dass die Symmetrieachse, eben jene Halbetage, die eigentlich königliche Position *ist*, und dass King Kongs eigener Wachstumsüberschuss oberhalb dieser Linie lediglich die an dieser Achse gespiegelte und gebrochene Selbstwiederholung des Sprechers ist, die der abgespaltenen Ikone, dem unerreichbar Anderen im Gleichen, auch in der Höhe unterstellt bleibt, was den eigenen Körper und mit ihm den Königstitel zu einer optische Täuschung macht.

Dass es sich hier eben nicht um eine Spiegelungsfähigkeit, sondern bereits um die Spiegelung selbst handelt, entlarvt sich schon darin, dass der in den König hineinprojizierte Dualismus zwischen Gefühl und Verstand seitenverkehrt verpolt ist, dass hier die Entscheidung für die Liebe die Entscheidung für jene Rationalität wäre, zum Sprecher zurückzukehren. Gefühlsdominanz aber heißt umgekehrt Abkehr, die Durchsetzung königlicher Souveränität in der Gewalt (der *irre* König, der sich unter den Menschen jedoch eher zu den unglücklich Verliebten als zu den gestürzten Potentaten gesellen könnte, als liebender Diplomat aber seinerseits getötet werden muss).

Und drittens scheidet auch der Adler, der für die Heraldik so zentral ist, aus dieser sich freilich bloß herantastenden Taxonomie aus. Obwohl er gerade für königliche und staatliche Machtrepräsentation inflationär in Umlauf kam (eine interessante Verwandtschaft zum Wesen des Geldes), ist der König der Lüfte als verlängerter und nicht mehr einholbarer Wille des Arms des Sprechers ein reines Exekutivorgan, kein Tier (das gegenübersteht), sondern das Tier eines nicht mitabgebildeten Tiers, nur ein Zustand oder der Zustand, der mit dem Zustand droht, was das artübergreifende Nichtverstehen (das Nicht-mehr-Zurückkönnen politischen Willens – eine Art Amputation) selbst im Ruhezustand unmissverständlich als Waffe sichtbar macht.

Der Adler ist als Waffe damit so wenig schuld an der Gewalt wie das Messer, und als Tier doch frei in ihrer Ausübung, da er sich in seiner Unzähmbarkeit nichts mehr sagen lässt. Es handelt sich somit eher um das Tier der Abwesenheit des Souveräns (das Anwesende seiner Abwesenheit), die sich dem Prozess der politischen Willensbildung in die Sphäre der Potenz ihrer permanenten Umsetzbarkeit entzogen hat, sodass dieses Tier in einem doppelten Sinne über uns wacht: Es ist nicht mehr blind genug, uns als die Anderen zuzulassen, und nicht sehend genug, das Gleiche im Anderen zu erkennen, also nach innen und nach außen wirksam höchst *un*ambivalent und weit hinter der Linie falsch spiegelnder Bezugnahme untergebracht, die hier gezogen wird.

Der Adler ist in seiner Rationalität von der Struktur des Monologs ein König ohne Volk oder, je nach dem, das in ihm und in die Lüfte aufgegangene Volk selbst – jedenfalls immer schon der Moment *danach*, der hier als Lebewesen in sich zur Ruhe kommt.

Jene überragenden Helden der Natur aber, wie z. B. Löwen, Bären und Elefanten, die mit ihrem epischen Körperbau zugleich halbwegs in der gleichen Erzählwelt vorkommen wie wir, und die wir, dem Sprecher folgend, Könige nennen, oder als königlich empfinden, insofern das Königliche in ihnen nicht abschließend zu einem Symbol gefrieren kann, das wir nicht bei ihrem Anblick auch wieder enteisen wollten, die nicht zu weit weg sind, in den Lüften und Felsen (den Gehirnwindungen einer veräußerten Naturrationalität), sondern anbieten, sich aktiv in ihnen auszuhandeln, überzeugend genug, dass das Tier, das man in Verteidigung gegen eben diesen paralytischen Symbolgehalt umarmen will, gleichwohl nicht einrasten kann, wo wir sind, und umgekehrt auch nicht, sondern in seiner Doppelposition daran gehindert ist, uns daran hindert, anders zu sein, als fraglich zu bleiben, und dabei den ganzen Ernst als Einsatz mit ins Spiel bringt, in seiner Spiegelungsfähigkeit im Tod – die Kunst also, gefährlich zu bleiben –, sodass diese Tiere, die hier aufgeführt sind, sich in ihrer Vollständigkeit weniger als eine Liste von Arten ergeben als aus Eigenschaften, nach denen sich fragen lässt (und deren Spiegelungsfähigkeit im Missverständnis entlang der ins Innere der Gattung eingedrungenen und sich dort replizierenden Analogien eine stärkere Quelle der unterdrückerischen Dimension der Kultur der Sexualität darstellt als das »Wilde« und »Animalische«, das sich seitenverkehrt in solchen darüberliegenden Bruchpunkten stets erst spiegelt und konstituiert, z. B. auch als das gegenläufig Gute der Mutter Erde), und zwar so, dass sie zwar von Kultur zu Kultur voneinander abweichen mögen, in den Organisationsformen der Motive, – d. h., wo auch immer der Scheidepunkt des Königlichen jeweils liegt, und wo andererseits die osmotischen Eingänge trennender Forterzählung ins Innere führen –, die doch aber nicht so weit gehen könnten, dass z. B. die Schildkröte, als die belebtunbelebte Weisheit des Planeten, plötzlich *auch* ursprünglich König*in wäre, über einen Planeten, den sie doch bereits (als Negationstier der Differenz) in ihrem Steinsein eingeschlossen enthielte, einen Planeten also, den sie auf ihrem Rücken trägt, und den sie sich, nur auf sich selbst fußend, auch ebensogut mit all den darauf versammelten lächerlichen Sprecher-Königen ausgedacht haben könnte (d. h., den im Königsturz notwendig enthaltenen König hat sie, anders als wir, nicht nötig –

... und spätestens jetzt steht der Text selbst im Schach und braucht eine tierfreundliche Strategie) ...

Jene Tiere also, genau jene, und nun also – versuchsweise *nur* im Rahmen solcher Sätze, die beides zugleich sind, zwar Teleskopsätze aus dem Kolonialbesteck (einst normal wie Messer und Gabel), die nun aber Sabotage üben, die am Ende immer dünner werden, immer unnatürlicher, und die sich, so sehr sie sich auch hinaus- und hinaufstrecken wollen, um die überragenden Helden der Natur in ihren trockenen Gegenüberstellungslandschaften aufzustöbern und dingfest zu machen, doch *mit* ihnen an die Naturgesetze halten müssen und abbrechen (sich als Lebewesen verhalten), die gerade in ihrer Unnatürlichkeit *natürlich* abbrechen, und die jedoch – und nun wieder in die andere Richtung –, selbst in dieser verbrüdernden Widerspenstigkeit, die freilich auch für einen Satz ein körperliches Erlebnis sein kann, unabschließbar sind, kein Gegen-Sprecher, sondern auch hier gegen sich selbst, alle zugleich im orthopädischen Gestell, in einer Art Schuh feststecken: »der Mensch«, der auch im Nein zweimal einen Haken schlagen kann, als Nicht-nichtmenschliches Tier, und doch ein Hase bleibt, der also beides können muss und beides kann, ein Ja *und* ein Nein, das sich nicht aufhebt, sondern stört, permanent stört – d. h., wenn schon beim Zeigen als Finger gebrochen, dann doch wenigstens Fuß, dass nämlich, der Mensch, *sobald* er »Fuß« sagt, selbst barfuß schon den Schuh seines Fußes trägt –, oder auch auf das Zurückliegende im Rücken zeigt, *indem* er sich wegdreht, und der damit zwar – und nun geht es wieder in die andere Richtung –, feststeckt im »weg« und »davon«, dem Hasenhaken, doch aber gleichzeitig in der Fliehkraft dieser Kurve einen Sprung markieren kann, oder zumindest die Richtung eines Sprungs (die dann nicht schon eine Position des springenden Körpers selbst ist), vielmehr die freiwillige Zerreißprobe eines abgebrochenen Absprungs, eines abgebrochenen Satzes, der dabei, wenn wir sagen: »*Jene* Tiere«, egal in welche Richtung, doch am König orientiert bleibt, an seiner Entzugskraft, dem Aufwärtssog des Missverständnisses, sowie, ja, und es soll wehtun – mit ihm zugleich, und nur so, auch an der scheinbar gegenläufigen Erlösungsphantasie, dem Mythos einer gerechten Natur, die wir gegen den spaltenden Sprecher mobilisieren wollen (die aber eine solche Spiegelung des *Anderen* im König selbst dann bleibt, wenn man den Naturbegriff mit schwurhafter Konsequenz aufzulösen versucht und den im Königssturz notwendig enthaltenen König überspringt, bzw. die »Natur« in den uneingestandenen Aggregatzustand eines Werkzeugs zu ihrer Zertrümmerung hineinsublimiert) ...

Noch einmal: Jene Tiere also, die mit ihrem epischen Körperbau zugleich halbwegs in der gleichen Welt vorkommen wie wir (genauer, der Erzählwelt des Sprechers) – Luft atmend, säugend, und mit stark bezugnehmender Mimik, die etwa in der dolchhaft zugespitzten Reziprozität des Rhinozeros einen hornhaften Penis anbieten, im Gegensatz zum Walross, mit seinem nur ins Innere seiner Angelegenheiten hinein bewaffneten Sackhüpfen im eigenen Körper – deswegen sagten wir trocken, unbedingt in trockener und deswegen zugleich erst saugfähiger Repräsentation – die sich dabei aber in spaltender Konstituierung für nichts als *das* auch als nacktes Tier aus dem Königsmantel herausschälbar machen (in der blutigsten Form der Häutung, die pfirsichhafte Entkernung des Königs aus seinen zwei Körpern), was hier jedoch, umgedreht, als ein Instrument des Streiks, als eine Form der Namensverweigerung aufgegriffen wird – der König ohne Kern (so wie Adam gerade dort erst recht beginnen müsste zu streiken, sollte es ihm technisch gelingen, aus den brennenden Landschaften erneut in eine wie für ihn gemachte Verausna(h)mung seines Körpers zurückzukehren), jene Tiere also – und wir verlassen nun schleunigst die Zone der Strategiebildung, um endlich viel konkreter zu werden, weil es doch wirklich draußen brennt –, sind nun versuchsweise als Geister einer unbekannten Reisegruppe versammelt, eine kleine Karawane der Könige, die sich abwesend bloß in ihren Eigenschaften spiegeln und die sich *doch* bewegen lassen, eben als die Spur, die weder ihnen noch uns gehört, die Spur nämlich eines *unmöglichen* Sprungs (dem hier unmöglich gemachten Satz), ein Sprung, genau wie in einer *echten* Legende ...

Und dort lassen sich in aller Bescheidenheit die Könige nun abholen, eigens, um sie in ihren offenen syntaktischen Sandalen am Fuß noch einmal zurück an den Oberlauf der Allegorien zu bitten, zu den Flüssen und Bergen, und nur kurz, kalt, wie ihnen invertiert sein muss, brauchen wir sie doch invertiert, um nämlich *uns* vorzuführen, wo sie in *uns* eingedrungen sind, und von wo aus sie, als entkleidete Leiber aus dem Königstrichter zugleich äußerlich *zu* uns ins Tal abgeflossen sind, als nackte Tiere (die gelernt haben, mit uns nackt zu sein), und nehmen dazu tatsächlich eine echte Legende, nämlich die des Tigersprungs über die Schlucht am tobenden Wildwasser des Oberlaufs des Yang Tse, des großen Flusses, wo sich eine solche als Sprung eines Tigers (den wir eigens aus dem polternden Topf der Lieblingstiere und Ikonen der Zoos fischen und der eben im Rahmen dieser trockenen und saugfähigen Gegenüberstellungsfähigkeit am eigenen Leib nackt auch den Fisch vertritt) namensgebend in den Raum der Natur eingetragen hat, mit dem Vorteil aber, diesen königlichen Sprung nach diesem Strategiewechsel nun nicht mehr nur in seiner Kraft und nicht mehr nur in seiner darauf folgenden allegorisch in alles hineinblutenden Traurigkeit sichtbar machen zu können, sondern in einer seltsamen Form der Nähe (uneinlösbar und unauflösbar – und eben das ist das Privileg der Sabotage) die Legende auch umdrehen zu können, als Legende der Legende, d. h. zu zeigen, wie sich nicht nur das Tier in die Natur, sondern umgekehrt auch die Natur in das Tier eingetragen hat, eben da diese Geister allesamt Schuhe tragen ...

Die Schlucht am Oberlauf des Yang Tse, in Yunnan, im fernen China, wo ein Gewässer entspringt, das weiter flussabwärts eigens auch ganz besonders tödliche Exemplare der Sprecher in demonstrativ politischer Durchschwimmung mit ihrem »Großen Sprung nach vorn« markiert haben, ist dabei nun eine perfekte Versuchsanordnung, bestehend aus drei Teilen.

So sind sie nämlich, jene Tiere, als die sich im Spiegelbild ihrer Eigenschaften spiegelnden Könige, auch und vor allem dort, wo sie sich unten im Fluss in der Tiefe als Material zusammenbrauen und alles tosend undurchsichtig machen, so wie sich diese *gespiegelte* Spur scheinbar von Natur aus immer verwischt.

Und wenn es nicht so wäre, dass die Spur selbst aus den verholzten, verwässerten, versteinerten und umverpflanzten Verwischungen dieser Quelle bestehen würde, sodass man es welthaltig und brausend anklingen lassen kann, mit so einem Namen wie *Tigersprungschlucht*, dann stünde man ratlos am Ufer, denn der Tigersprung, der Sprung in die Legende aus tönerner Kraft, ist dort, am Oberlauf, so angelegt, dass es nicht einmal eine Tigerpfote als Steinabdruck zu sehen gibt, als Ursprung der Legende, sondern lediglich das Hörensagen im rauschenden Fluss, dass der Tiger diese Schlucht einst in zwei Sprüngen auf der Flucht durchmessen habe, über einen Mittelblock, der im Wasser steht, ein Fels, selbst nassgespritzt wie muskeldurchtriebene Haut, die Legende hier also sprunghaft zu einer Maßeinheit der Natur wird, sodass es zweitens mit einigem Recht vielmehr um die Reise dieser Helden durch ihr eigenes Spiegelbild in der Tiefe des Missverständnisses geht, der tiefsten Schlucht der Welt, wie es heißt, in das sie, als Tier und *Tiere*, jeweils selbst eingetaucht sind, als die Gefallenen, gemeinsam mit all denen und all dem, was sich in ihnen gespiegelt hat, in tobendes Wasser hineingestürzt, um in ihrer eigenen Geschichte zu ertrinken, und zwar schon in der Form, dass sie die Legende zu *siegenden* Tieren macht, im Erfolg also zu ertrinken, im Sprung, der gelingt, der die Schlucht durchmisst, die Natur als Raum ihrer Durchmessung in der Legende als den Raum der Natur erst eröffnet, in dem sich vor allem der Sprecher versteinern konnte.

Und so scheint es einerseits nur logisch, und seltsam wie die Menschenhand ist, leichter zugleich, hier, am anderen Ufer des Sprungs angekommen, eher das Wasser zu beruhigen, zu pflegen und zu kämmen, als Ertrinkende an Land zu ziehen, lieber also die gewellte Königsmähne eines Spiegelbildes zu behandeln oder die durchnässte Tarnkleidung direkt als Bambusschatten trocken zu föhnen (das Fleisch zu verräumlichen), und das ankommende Tier, wenn es denn unser Raumexperiment überlebt und mitmachen darf, andererseits nun, und das ist die dritte Station, wie durch eine Drehtür gegangen, darin invertiert als sein vom Spiegel aus statuiertes Original willkommen zu heißen, ein Quellenverzeichnis direkt aus dem Fluss, doch dafür nun um so nachdrücklicher, umso erhabener, je mehr uns der Raum als juridisch entzahnter Raum ermöglicht (als geschlossene Harmlosigkeit), dem König das Beißen zu verzeihen, eine Letztmenge nicht erschossener Exemplare auf den Thron der Natur zu setzen.

So ist dies bei weitem keine Spielerei, sondern es liegt ein politisches Abenteuer schon allein darin, sich für das Unbekanntsein dieser Tiere nicht weiter zu genieren, sind dies doch nur zurückscheinende Eigenschaften, die sie gar nicht haben, die doch im Spiegel aber gelten, somit in einer zweiten Ordnung des Unwissens, wenn man es denn anders will, zu wissen, dass sich einerseits im Spiegel etwas zeigt, das ihm als Geist nicht gegenübersteht und das gleichzeitig doch der einzige Anhaltspunkt ist, das Tier in der Reflexion zu würdigen, ein intakter Naturbegriff (kernlos, dass wir es nicht immer schon selbst sind), vor allem auch und ironischerweise in der absolut notwendigen Negation des sich in ihm stets schon ausgehärtet zeigenden Königreichs der Sprecher, das diesen Planeten so ruiniert ...

(Kurzes Selbstgespräch)
A: »Wir müssen uns also an etwas halten, das wir eigentlich ablehnen?«
B: »Noch schlimmer. Wir lehnen es *nicht* ab, eben weil wir uns daran halten müssen. Aber so erlaubt uns die Sabotage, eben doch an die Natur zu glauben, denn schau, was heute, in Folge der dritten Station des Sprungs passiert:«

... so muss es bei der Suche nach Strategien eher um einen versuchsweise listreichen Verzicht auf eine Liste gehen, nicht allein um Verlust, zumal in einer Zeit, die, seltsam genug, sobald sie *Natur* sagt, aus lauter Todesangst sofort eine solche aus der Brusttasche hervorholt, eine Fahndungsliste, und damit auch die Namensliste einer von unserem Tod aus erzählten Natur, deren Rettung sie entlang dieser notwendig gewordenen Einsicht jedoch zugleich als Konstruktionsprinzip gestalten wird, dass einem doppelt bange wird.

Denn all dies erfolgt zusammen mit dieser neuartigen Angewohnheit, den im Salon verbliebenen Exemplaren beizubringen, vor genau jenem spiegelnden Portal der aus ihnen destillierten Räume Platz zu nehmen, um ihnen ihre Bedeutung nach all den Jahren der tödlichen Zusammenarbeit nun endlich im eigenen Angesicht anzuvertrauen, d. h., ausgerechnet den Tieren die Natur zu lüften, sie aus der Raumerinnerung des verschwindenden Raums als Tiernatur zu re-destillieren, sodass sie diese Raumfunktionen nun in ihrer beflügelten Vierbeinigkeit selbst übernehmen sollen, solange sie doch bloß ein Gesicht haben, solange sie doch bloß an unserer statt sprechen können, und sei es mit einem Schmerzzertifikat, oder solange sie in sonstiger Weise einen nützlichen Beitrag leisten, beim Bau unserer naturverlegenen Natur.

Jene Tiere also, und vor allem jene, die halbwegs in der gleichen Erzählwelt vorkommen wie wir, werden dabei nun, als Vollendung des Sprungs in die Legende, aus deren unmöglicher Teilhabe an einem Naturraum extrapolierter Körper heraus sie erst spät in diesen zurückadoptiert wurden, als Könige der Harmlosigkeit, mit Halskrause und einem nun alle Differenzen möglichst verschleiernden Umhang versehen, um sie im Rahmen eines stattgegebenen und dadurch umso stattlicheren Ichs einfach mitzuversteinern: das aus dem Laub aufgewirbelte Inkrafttreten des Tigers, der aus besonnten Wellen herausgeschöpft flambierte Löwe, der Elefant, der vorbildlich Möhren mag, einbeinig auf dem Ball in sich selbst kurzgeschlossener Gesundheit ausbalanciert und gut für die Augen, z. B.: im Hamburger Ex-Kolonialzoo (einst »Kanaken – Die letzten Kannibalen der Südsee«), heute mit 19,– Euro Eintritt für Kinder ab vier und 26,– Euro für Erwachsene (Sozialtickets gibt es nicht, denn wir stehen hier vor dem vollendeten und damit überwundenen Spalt der Vermenschlichung ihrer königlichen Größe, und *Besucher* mit einer Behinderung – und bezeichnender Weise wird ausgerechnet hier nicht gegendert – zahlen den vollen Preis), eigens also auch über das vierhändig verabredete Trockentupfen ihrer Nasen, das wir von der Aufzucht des königlichen Sprechers kannten, eine Art Re-Import, zurück über den Zaun.

Wie also dort herausspringen, aus diesem Teufelskreis, der sich von den Klippen des Schneedrachengebirges im fernen China in die Tiefe durchdekliniert hat? Indem wir diesmal mit den Tieren springen? Den unmöglichen Sprung?

Wie anderseits verhindern, dass sich eine grammatische Gegensprechanlage als Hasenhaken notwendigen Störens zugleich ungestört als Gesteinsspur der Klugscheißer*innen durch die Landschaft zieht, die das Stören so notorisiert, dass es nicht mehr auffällt und sich selbst kolportiert, zum System wird? Die Klugheit ist eben oft nur die Halbklugheit, ihren eigenen Ursachen, denen sie gerade erst entkommen ist, ein Bein zu stellen, und hier vor lauter sprachlichem Misstrauen in einen Steinwald grammatischer Konsistenz hineinzustolpern, was sich als Kult des Tiers in der Überwindung der Natur mit der Tradition der Selbstermächtigung des Tierunternehmens, das sich das Hausrecht herausnimmt, nicht auf Gesellschaft zu achten, wenn es um Tiere geht, als Gegengift verschwistert. Die Sprache soll richten, was das Misstrauen *gegen* sie entlarvt hat? Es bleibt nichts weniger als die Doppelaufgabe, sich vor den Rettern zugleich zu retten. »Hier habt ihr eure Tiere!«:

Zum Sprung[1] also angetreten, ganze 3900 Meter über dem reißenden Oberlauf der Allegorien (wo jeder Meter über die Bruchfähigkeit menschlicher Knochen hinauferzählt ist), stehen nun also die Geister einer unbekannten Reisegruppe, die sich doch aber in Bewegung versetzen lässt, eine kleine Karawane der Könige. Trommelwirbel ist zu hören.

Und wir wenden uns an sie und bitten um Verzeihung für diese maßlose Überforderung: »Ihr sollt also unsere Natur sein, die wir nicht mehr beherrschen, in einem doppelten und dreifachen Sinne, und die doch zugleich die Quelle war, euch zu lieben. Das also ist die Widersinnigkeit selbst. Und wenn die Natur mehr sein soll, als eine bloße Form menschlicher Selbstbeherrschung, die euch zugleich zu struppigen Menschen macht, so oder so, wenn hier nicht gestört wird, sich der Störer nicht zuallererst selbst stört...«

Und zur Unterfütterung dieser zugegeben pathetischen Szene, die jedoch durch ihre Abwesenheit, in der uns Tiger und Löwe nicht mit ihren Menschenaugen anschauen können, zugleich geerdet und hinreichend möglich erscheint, wie eben der Tigersprung in der Schlucht selbst, lesen wir ihnen ein in seiner scheinbaren

Widersinnigkeit zur Aufgabe passendes Geleitwort aus dem Thomas-Evangelium vor:

»Hört, ihr Könige! Jesus sagt:

›Selig ist der Löwe, den der Mensch ißt und der Löwe wird Mensch; und abscheulich ist der Mensch, den der Löwe frißt und der Löwe wird Mensch.‹

Wie man es auch dreht, und wie auch immer es ausgeht, wenn es so weiter geht, so bitten wir Euch nun herzlich, an den Abgrund unserer Liebe vorzutreten!«

Der Trommelwirbel verstummt, und es ist erst einmal still, aber es ist eine menschliche Stille, ohne dass also viel Zeit verginge, eher in einer Selbsterschütterung der Worte, denn die Karawane zögert nicht, selbst abwesend, ganz wie in der Legende, treten alle vor, mit herrlicher tierischer Unschuld. Die Spitzen ihrer offenen syntaktischen Sandalen klappern und ragen schon über die Kante, und sie springen, ohne uns noch zu antworten, sie springen wirklich –

Und unten, unbeirrt in der Tiefe, steht der Felsblock, der im Felskarton verschnürte Tiger, steht seine Jahrtausende ab, und sein größtes Rätsel im Spiegelbild besteht nun darin, selbst angeblich nur Trägerstoff zu sein, als eine trockene und zugleich saugfähige Repräsentation, nur Plattform eines Sprungs, der seinerseits hier nur vom Hörensagen und höchst flüchtig zwischengelandet ist, statt selbst das Subjekt der tragenden Legende zu sein, das hier zum Stehen kommt, aber eben nur nassgespritzt wie ein »Wie«, ein Zeuge der sich selbst bezeugt, um den es aber eigentlich geht, da sich in *ihm*, bzw. in einer im Sprung als Tiger bezwungenen Natur der Sprecher genau hier in einen Raum verwandeln konnte, im »Wie« einer muskeldurchtriebenen Haut, die sich mit diesem typisch schütteren Temperament als Fels behauptet (so wie wir nie sagen können, wenn wir uns jetzt alle Knochen dort unten brechen werden, sobald wir mit den Tieren springen, dass wir im Zentrum des Geschehens waren, es ist immer der falsche Ort) – doch aber so, dass wir zugleich, und das ist das Schwierige daran, in der Gewissheit, dass die Natur *gut* und darin gerade anders als der Sprecher ist, diese Gewissheit ebenso als diesen Raum nehmen, dass nämlich »das nicht-felsenfeste Subjekt« in der Natur als eine Wahrheit wurzelt, und sei es die Wahrheit einer Technik, sie entlang ihrer subversiv aufgetrennten Nähte und Unterspülungen, ihrer Bindungsfreudigkeit und ihrer Lebenslust zu dekonstruieren, wo immer sie sich als Raumsubjekt zu verhärten droht – und die doch mit eben *jener* felsenfesten Gewissheit daherkommt, aus der sie sich zuvor speist, und von dort ins Tal abfließt, und selbst wenn wir nicht Tiger sagen, doch aber Raum meinen, den wir zugleich gegen den Sprecher mobilisieren wollen, sodass das Rätsel nicht in seiner bloßen Erkenntnis, nicht bloß im Feststellen der Naturvergiftung als ein Derivat des Sprechers liegt, sondern vor allem in seiner gespiegelten Bewältigung, die Differenz abzuschaffen, indem man sie zugleich würdigt, sie, als *zugleich* Schicksal *und* Instrument, es als solches gleichursprünglich nicht anzuerkennen, nicht in den Stein entkommen lässt, wenn man den Sprecher verfolgt, nicht noch einmal, nur auf links gedreht.

(Dramatischer Epilog):

A: »Moment, das heißt also, wir müssen jetzt gar nicht mitspringen? Es ist verdammt hoch, so wie Knochen eben konkret sind, und wir haben es gehört, dort, wo wir aufkommen, sind wir immer am falschen Ort...«

B: »Doch die Könige sind schon unterwegs und drängeln sich vor die Natur, die Zeit der Natur ist bald rum. Wir *müssen* hinterher!«

A: »Aber wenn dieser Sprung nun überall gleichzeitig ist, und wir überall gleichzeitig bei den Tieren sind, wenn sie sich in Eigenschaften spiegeln, die sie gar nicht haben, dann müssen wir nicht erst springen, um mit ihnen zu springen, oder der Sprung zumindest sollte nicht so schlimm sein, oder?

Und schau: die Touristen, dort unten auf der tosenden Besucherplattform, die sich im Lärm kaum hören können, versuchen mit dem Finger den Weg auf der anderen Seite, auf dem Bergmassiv nachzuzeichnen, den der Tiger auf seiner Flucht nach seinem Sprung genommen haben mag. Doch der Tiger, das wissen wir jetzt, ist abwesend schon drüben, so wie er zugleich der Berg selbst ist, der der Besucherplattform unten im Wasser als das schönere und höhere Ufer gegenübersteht, und in dieser Form eben nicht die Richtung gewesen sein kann, aus der der Tiger kam, sondern der Anblick, woher er kam, ist die Richtung des Sprungs...

Haben wir es damit doch nicht schon hinter uns gebracht, bevor es überhaupt losging, und müssen jetzt nur noch aufpassen, dass nicht noch mehr kaputt geht?«

B: »Nein. Damit es sich ändert, müssen wir uns mindestens eine Verstauchung einhandeln (wir müssen das

Ziel ganz klassisch in den Weg zurückstauchen), in eine Dekonstruktion, die zugleich erhält, indem sie verneint, deren Gewissheit eben nur dann als eine *Vergeblichkeit* des Sprungs präsent sein kann, wenn man springt, so wie eben nichts verdächtiger ist, als sich selbst nicht verdächtig zu sein, nur umgekehrt, als die Gewissheit *des* Vergeblichen, und das ist der Sprung, der Sprung in eine Methode, die nie nur Werkzeug sein kann, also den Tieren hinterher in die Natur, die sie nicht sind, zu einem Ort, der sie nicht ist!... Und schau dir doch den ganzen Erzählaufwand an! Wenn schon Irrtum, dann muss er doch zumindest für seine Entlarvung genügen. Immerhin sind wir an einem verdammt schönen Ort, und das bedeutet doch etwas. Schön wie das Bewusstsein von ursprünglicher Schmerzfreiheit, dass man juristisch nicht erst nachweisen muss, um darauf zu bestehen, dass der Schmerz gilt und geahndet wird, ein leeres Bewusstsein, das sich additiv auf das Leid aufpfropft, es zum Verdienst seines Gewahrwerdens macht, so muss man dabei längst nicht verzeihen können, welches Leid hier zugange war!«
A: »Vielleicht... – (auch wenn es wie immer etwas peinlich ist, dass wir nur uns selbst haben, um uns einig zu sein). Zumindest aber springen wir, so haben wir es versprochen, in Gestalt der Unsicheren, in der Gestalt der Strategie, nicht mehr vollständig anzukommen, und zwar von der Panoramaseite, von oben, in die falsche Richtung, und nehmen einen letzten Anlauf in den gebrochenen Satz:«

»Wir sind unsicher. Wir sind unsicher. Wir sind unsicher. Das Leben ist unsicher. Das Leben ist unsicher, und wir sind stolz darauf – wir sind unsicher, wir sind ...«

... jene Tiere also, als die im Sprung hinterbliebene offene syntaktische Sandale ihres Sprungs (die sowohl *unsere* Unmöglichkeit, bei diesem Sprung abwesend zu sein und den im Königssturz notwendig enthaltenen König zu überspringen, markiert, als auch damit *ihre* Unmöglichkeit die Nicht-Anderen zu sein, als die uns die Tiere jedoch nur erneut in die Falle gehen würden), d. h. in der einzig möglichen verbleibenden Technik, der Strategie der Selbststörung, bei der das Tier uns zwar in seiner vorausspringenden Andersheit mit hinabzieht und präsent hält, aber so, dass wir nun zugleich das Tier auflockern, nicht *uns* souverän von ihm losschnallen (und das vorausspringende Tier damit in heldenhafter Tierliebe kopfüber in den menschlichen Erzählraum fallen lassen), sondern es *bei uns* auflockern (selbst in der Scham, uns als Täter zu erkennen, sich also nicht zu schämen für eine Konstruktions-Natur, die diese Scham erst möglich macht), indem man die Könige zumindest von sich selbst entbindet, aufgebunden wie Schuh, wenn man Fuß sagt ...

---

[1] Teile dieses Essays sind kurz vor Neujahr 2021/22 in Odesa entstanden, wohin ich mich für einige Wochen bis kurz vor Kriegsbeginn zum Schreiben zurückgezogen hatte, und es ist tatsächlich sehr *geisterhaft*, was sich hier eines Abends in einem Restaurant zugetragen hat: Mitten im Text, den ich gerade überarbeitete, kam mein Essen, und ich habe den Laptop neben mich auf die Bank gestellt und sehe nach einer Weile, in Gedanken vertieft, nur aus dem Augenwinkel, dass sich seltsam rötliche Zacken hinter mir bewegen, und ich wende mich um und erblicke eine Katze, die zu mir gesprungen war und nun mein Essen betrachtet, die aber, wie sich dann herausstellt, auch über den aufgeklappten Laptop gelaufen war...

> Spiegel aber gelten, somit in einer zweiten Ordnung des Unwissens zu
> wissen, dass sich im Spiegelbild etwas zeigt, das ihm als Geist nicht
> gegenübersteht (und das dennoch der einzige Anhaltspunkt ist, das Tier
> in der Reflexion zu würdigen, vor allem in der Negation des sich in ihm
> auf der hiesigen Seite spiegelnden Königs).
> Zum Sprung alsoµµµµµµµµµµµµµµµµµµµµµµµµµµµ.|angetreten, ganze
> 3900 Meter über dem reißenden Oberlauf der Allegorien (wo jeder
> Meter über die Bruchfähigkeit menschlicher Knochen hinauferzählt ist),

Und wenn man sieht, was er (wie ich erfahre, ein Kater) geschrieben hat, vor allem, welche Textstelle er für seine Intervention ausgewählt hat, und wie er als Autor auf dem Sprung die Absprungmöglichkeit der Tiere mit der gleichen Interpunktion aufgreift, dem offenen Satz, und wenn man bedenkt, dass auch diese Spiegelung seiner Anwesenheit nicht, oder nicht nur einseitig aus der Schrift »heraus« lesbar ist, sondern auch über die Spiegelungsfähigkeit der Schrift als Weg über die Tastatur (AltGr+M und AltGr+Punkt) rekonstruiert werden kann, mit der geisterhaften Frage: Wo war er eigentlich beim Schreiben? – und wenn man liest, wie er, natürlich tiertypisch, einen offenen Ausstieg aus dem lateinischen Alphabet wählt, obwohl es auf der Tastatur kaum Gelegenheit dazu gibt, dies aber durch den Hinterausgang, in der gleichen, wie Sarah Kofman sagt, »paranoiden Dopplung der Schrift«, die in die gelehrte Sprache des Kater Murr flieht, die dieser damit zugleich parodiert, und wenn man bedenkt, wie er die Schrift dadurch auch daran hindert, ihn, den in ihr Gespiegelten, zu vergessen, für sich stehend einfach ihren Zweck zu erfüllen, und wie er der schriftlichen Versteinerung auch so entgegenarbeitet, dass er im gewählten Zeichen sowohl das Geräusch und im Schriftbild die ballistische Bahn einer rücklings durch den Raum fliegenden Katze imitiert, und wenn man sieht, wie damit die Lächerlichkeit der im μ bezeichneten Maßeinheit markiert und zugleich zurückgeholt wird, in die Materialität des Kontrollverlusts, der sich im Sprung in die Legende als schreibender Bogen, quasi im freien Fall durch die Natur zieht, und wenn man an all dem zweifelnd doch anerkennt, oder anerkennend zweifelt, dass der Zufall eben nicht primär in der Erscheinung einer Katze, dem Lieblingstier der Dekonstruktion, in einem bestimmten Moment an einem bestimmten Ort liegt, der sich als schockierend passend erweist, sondern durch das (durch unser) spezifisches Aufeinandertreffen im Text, indem er, der Kater, als Ko-Autor zugleich mich, als Ko-Autor solcher Behauptungen bestätigt, gerade indem er mich in Frage stellt und mich mit einem vermeintlichen Zufall der Schrift parodiert (und mir am Ende sogar die Verantwortung dafür überlässt, in der durch ihn notwendig gewordenen Fußnote die Überfrachtung des Textes nun durch mich selbst zu initiieren), so wird doch klar, dass ich gar nicht mehr anders handeln darf, als diese Spur im Text zu belassen, da mir hier eine Autorität entgegengetreten ist, in der Hauptstadt der Katzen, die sich zuvor durch den auf seine Störung hinarbeitenden Text bereits legitimiert hatte – einzig kann ich, um das letzte Wort zu behalten, ihn, den Kater, durch das Abbilden dieses Screenshots um ein weiteres Mal aus dem Text herausspiegeln, das Foto der Spur eines Geistes, das ihn dorthin zurückbringt, auf die andere Seite des Spiegels, wo er hingehört, nur um zugleich zu merken, dass ein Foto eines Textes sogar noch glaubwürdiger erscheint als ein Text ...

Überlebensstrategien –

Im Herzen des Winters ist es am wärmsten, weil es ganz eine Herzensangelegenheit ist, in ihm zu bestehen. Erfrieren tut erst der, der sich im Februar zu früh aufrichtet und damit die Relativität der Naturereignisse gegen seine eigenen symbolischen Kraftaufwendungen stellt, die zum Bestehen nötig waren.

Die Enttäuschung, dass der ledigliche Zugewinn weniger Zehntelgrade pro Tag an Wärme oder die minutiöse Verlängerung der Lichtphase mit einer Geduld vor sich gehen, die im Grunde, aus kosmischer Perspektive, auch schon ein Zitat des nächsten oder gar aller Winter darstellen kann, höhlt den Überlebensbegriff von innen aus. Denn die Kraftaufwendungen im Sinne der zu erwartenden Kälte und ihrer Widrigkeit für das Überleben müssen immer als absolut erscheinen, um zu genügen, und frieren daher (in einer seltsamen Beharrlichkeitskorrespondenz von Tropfstein und Eiszapfen) eher an der Geduld der Dinge als am tatsächlichen Frost.

Es ist eine doppelte Falle: Schlimmer als das »Leben«, das sich anschickt, sich einen radikalen Begriff von sich zu machen, ist jenes, das ihn zum Überleben *braucht*.

Denn so kann es einerseits die Trostformel selbst sein, *dass es gewiss schon besser werde*, die die letzten Reserven vorschnell verbraucht, da der Bestehenswunsch seinen

Hang zum Resultat nicht im Takt einer gleichgültigen Uhr stillstellen kann. Andererseits aber läuft der solchermaßen Angestachelte wie jede Absolutheit der Natur zuwider, die einen langen Atem hat und den zurücklässt, der sich außer sie setzt.

Wer also in den Winter hineinschreitet wie die Natur fortschreitet, den trifft er unvorbereitet hart, doch wer nicht aus ihm herausschreitet, sondern zu laufen beginnt, der bleibt in ihm hängen.

Wie man in zahlreichen Pinguindokumentationen nachsehen kann, sind die Spätfröste daher die heimtückischsten, weil sie im Gegensatz zur Breitseite, die den Schwarm um Mitternacht des Polarwinters trifft, und in der die Schwachen herausbrechen, ohne dass der Wille im Ganzen bricht, zusätzlich den jeweiligen Charakter prüfen, der den Betroffenen auch gegen die Natur des Schwarms stellt. Das ist ein ganz anderer Tod.

Die Überlebensstrategie lautet also, in ihrer leicht dahinsagbaren Fassung:

Man muss sich zu Beginn des Winters gegen die Natur sammeln und sich dann als Aufgelöster von ihr aus ihm herausführen lassen.

Das aber heißt nichts Geringeres als das Kunststück, sich abgestützt auf ihre verinnerlichte Widrigkeit, außen von ihr an die Hand nehmen zu lassen, sich im wörtlichen Sinne, in ein fortbewegendes Wandeln zu wandeln, das zum Ausgang führt.

Und da man daran zerbrechen würde, rein körperlich, ergibt sich hier der menschliche Hang zum Wappentier.

Denn wie kein anderer wandelt der Pinguin im eigenen Wandeln, und zeigt damit, wie viel Ironie das Leben braucht, wenn es schwarz auf weiß um die Radikalität seiner Uneindeutigkeit geht.

So entspricht dieser heterogene Zustand der Kondition des Menschen schlechthin, auch im Körperbau des Pinguins, als dem seiner Aufgaben, sich mit Anlauf auf einen Bock aus Luft zu stürzen, im Grundriss der Bauchlandung, dass das »Bestehen« immer nur gegen die Natur möglich ist, innerhalb derer man angepasst überlebt.

Der blaue Himmel –

Wenn es um den blauen Himmel geht, gerade in der Metaphysik, die sich so offen für ihn gemacht hat, wie er da oben geschrieben steht, geht es meist gerade nicht um den blauen Himmel. Der Superreferent ist ein unbezogenes Bezugsobjekt, ja geradezu ein ungezogenes, als größte ununterbrochene Fläche, die das Auge auf der Welt je zu Gesicht bekommt, zugleich undankbar unbrauchbar. *Nichts ist Stelle / auf weiten Strecken, Strecke nur wie Lanze in den Bauch, dein Wort schon Zirrus / kilometerweit ist Rippen / Schonung und Holz, Behauptung und frierender Fuß.*

»Doch!«, könnte man sagen, »die Sonne! –, ist sie doch in eben diesen blauen Himmel fest eingeschrieben, dessen Leere wiederum erst sichtbar wird durch ...« – schon aber ist man nicht mehr im Himmel, da sie, diese Leere, damit zu einem *Anbahnen* wird und (in einem paradoxen Zugunfall) auf den Gleisen, oder vielmehr *im Gleißen* der Sonne entgleist.

Je mehr sich die Sprache bemüht, ihn bedeutsam im Sinne des Begriffs zu machen, desto mehr verkehrt sich das scheinbare Wesen der Repräsentation in sein Gegenteil. Die bezeichnete Stelle ist selbst zeichenlos, und gerade deswegen wird sichtbar, dass es umgekehrt die Welt ist, die die Sprache repräsentiert, wie sie auf uns bezogen ist, alles überspannend, dass die Sprache, gerade wenn ein Ding so dermaßen schweigt wie der Himmel, wie von einer seltsamen Blindenschrift körperlich da ist, als Zusammenfall von Welt und Begriff, ohne Bereitschaft, auch nur einen Millimeter Platz zu machen, zugleich aber robust und immun gegen jede Gewaltanwendung durch eine unverletzliche Körperlosigkeit, *die Stelle, die nicht dünner wird, während sich der Finger verbraucht.*

So wird der blaue Himmel in seinem Potential unterschätzt, auch und gerade in seinem metaphysischen Potential, eben weil er es ausspielen konnte, welches Spiel er mit der Repräsentation spielt, und es ist zu beobachten, wie man sich dabei zwangsläufig in der Höhle des Löwen schlafen legt oder lernt, den Wald hinter Bäumen zu verstecken.

So gilt in allen Himmelstexten, auch in denen, die aus der Superreferenz und sogar aus dem Spiel der Repräsentation selbst einen Gott stricken, das gleiche Paradox: Der Griff in die Dinge ist ein Griff ins Leere, und doch hat sich nie jemand mit Gott beschäftigt, ohne augenblicklich genau dies zu tun, dem Himmel (im wahrsten Sinne) »augenblicklich« aufzusitzen.

Immer geht es um Sonne, Mond und Sterne, notwendige Verdinglichungen, auch um Halbzeug wie Wolken: *»Wie viel Sehnsucht uns formte? / Sterbespieler sind wir / Gewöhnen euch sanft an den Tod«.*[1] Und als eingebautes Relais, wie sich Epiphanien, Botschaften, Erziehungsgespräche, wie sich Erbaulichkeiten und Urteilsvollstreckungen als Deszendenz in den Nahbereich einer untergeordneten Mensch- und Dingwelt einarbeiten, dienen sämtliche Wettererscheinungen, sichtbare und vorgestellte, als Blitze und Brote niederfallend, als Vogeltiere aus himmlischen Öffnungen entnommen, wo aus Wendungen eine Windung wird, da hier, an der Austrittsstelle, keine Wellen entstehen dürfen, keine Risse und keine Fusseln, kein neues Ding zwischen Quelle und Botschaft treten darf, das nicht zugleich – entweder/oder – Quelle oder Botschaft wäre.

Und dabei gibt es kein Fehl. Die Kunst, sich an den Haaren nach oben zu ziehen, ist ja eigens die Ausbreitungsform des Undings, dem wir tagsüber mit dem blauen Himmel unterstehen. Das mögliche Scheitern liegt also vielmehr im Verfehlen dieses Scheitelpunktes, das Verfehlen, eben nicht seiner Unmittelbarkeit, sondern seiner Unmit-teilbarkeit, das Verfehlen des Verfehlens, also ein literarisches Versagen.

Und man stelle sich einen Stabhochspringer vor, der immer wieder Anlauf nimmt und springt, in Zeitlupe, der Akt, der die Gravitation als Leitmedium kennt und sie in der gedehnten Zeit zum Bild machen kann, der einen Zaubertrick, ins Unmenschliche hinaufzuspringen, ganz offen vor aller Augen mit dem irdischsten Werkzeug angeht, dem Stock, der Zauber also, der im Vorführen seiner Demaskierung selbst liegt, und eine Höhe wiederum – woran soll sie schon gemessen sein –, die zwar das Unerreichbare im Unerreichten ist und selbst doch bloß Referenzgröße aus der Welt des Springenden, die er mit dem eigenen Körper in eine vorgeführte und vorgestellte Welt hält, die ihm entgegengesetzt ist, sodass jedoch die Latte Oberseite einer gedachten Unterseite wird, die ihm als Gegen-Gegenstand gegenübersteht, in den er sich einarbeitet und an ihm wächst; und obwohl er immer wieder in den relativen Begriff der Höhe hinabfällt, so springt er doch in ihren absoluten Begriff hinaus, der ebenso gegenständlich wird, wie der unbelehrbare Aufprall seine Signatur in das Gespräch der Dinge einhämmert, sodass dieser Dialog überhaupt erst einen Sinn ergibt. Und so gibt es tausende Sportarten, dem Himmel sprachlich entgegenzuspringen, die primär auf dem Boden einer Himmelsvertrautheit stehen, eine ganze Armee des Scheiterns.

Bezeichnen wir also ruhigen Gewissens das Wunder als ordinär, wo sich die Quelle ganz in das nachzeitige Schneckenhaus ihrer Wirkung zurückzieht, das dann plötzlich faktisch auffindbar wird, und in dieser seltsamen Umdrehung der zeitlichen Reihenfolge eine donnernde Scheinbeschleunigung erfährt, zudem auch leicht anschleimend, wie es der menschlichen Aufmerksamkeitsökonomie derart angepasst, das Gewohnheitstier in ihm mehr fürchtet als das Unerkanntsein. Bezeichnen wir die Flucht ins Abstrakte, bei aller Himmelszartheit, zugleich als eine Flucht ins Grobe, gezimmerte Türen, Fenster und Treppen, Wetterfahrstühle, die nach beiden Richtungen offen sind; bezeichnen wir Schamdinglichkeiten, die als Paradox zugleich der Mut zur Namenlosigkeit sind, als aggressive Verlegenheit, Umkleidekabinen aus Feuer und Rauch, einverleibende Kleidung oder Verkleidung ohne Leib; bezeichnen wir dann wieder Formen der Verdünnung im Massiven als eine Art Landschaftshomöopathie, bloß Richtungsangabe zu sein für die

Gottes-Erwanderung auf himmelsnahe Großobjekte, ein Gebirgstelefon, Türme als unangelehnte Leiter ins Offene, die als Friedensangebot unter Strafe stehen, das Friedensangebot an das zeichenlose Zeichen, oder schließlich, im ganz Kleinen, als Stimme, wo Gehörtes und Hören als Körper schon in eins fallen: Bezeichnen wir als das erste Draußen einfach die Stimme im Kopf.

Und was soll – da es hier um vermeintliche Sprachlasten geht – der Maler schon malen, wenn in ihm das Augenpaar seiner Hände steckt? Der in einer Welt lebt, in der ihm vermeintlich die Dinge beigebracht haben, was ein nicht-dinglicher Zwischenraum ist – Entfernung und Maß –, sodass der Himmel in seinen erweiterten Ausdrucksformen, seinen Konturierungen und selbst in den Umrissen, die nur ihn bedeuten sollen, kontrafaktisch verblasst, der Maler seine Heiligen dafür auf Balken setzen muss aus figurativem Gas, und sei es, den König direkt als Stuhl zu malen, das sitzende Möbel, in der Vorstellung, dass der Körper das Wissen um seine Funktionen organisch in sich trage, dass das Pferd sein eigener Reiter sei – sein eigenes Wissensorgan –, und selbst in den sauerstoffarmen Zonen, hoch oben, und ähnlich verflüchtigt wie die Stimme im Kopf, sich ins Licht zu flüchten, um dort im Hybriden des Welle-Teilchen-Problems einen sowohl hinreichenden als notwendigen Kompromiss zu finden – und das alles mit gegenständlicher Farbe, Farbe, die die Finger beschmutzt.

Gestaltgebung eben, könnte man sagen, weil alles schon gestaltet *ist*, weil man sich bei der Frage nach dem Wie und Warum an etwas schließlich halten muss, sich festhalten, *etwas* schließlich denken muss, auch »unter« dem, was sich in der Gestalt eines Etwas zugleich zu zeigen verbietet. So vollzieht auch der Gott der Bibel in seiner Erscheinungspolitik nie etwas anderes als ein Spiel nachgeordneter Erstrangigkeit der Dinge vor dem, um was es eigentlich geht. Er hätte sich die Schöpfung sparen können, wenn daran nicht auch die Lust an der Qual, oder überhaupt, wenn nicht das Scheitern das Konstituierende schlechthin wäre, das Denken sich nicht generisch von der Differenz her selbst schöpfte, und gerade in der Unsagbarkeit der Schöpfungsakt markiert wäre.

Und dabei ist eben der Taghimmel das perfekte Trainingscamp, das aus dem Ernst ein Spiel macht, das das Trainingshafte des Trainings vergisst und das Leben preisgibt für das Indirektsein. Der Himmel, *ein Gesicht, das ohne Kratzer gar nicht wär*. Der blaue Himmel, farblich nicht darstellbar und doch nichts als Farbe. Ein genau den Proportionen des Beobachters entsprechendes Schild seiner Tage sowie auch Abgrund, das Abyssale als Farbe ohne Ding, und damit Dingeigenschaften ohne Boden. Und in dieser hermeneutischen Karussellfahrt ist ebensoviel Schwung in der Kurve, in der man gegenfragen könnte: *Was wäre denn der Kratzer ohne das Gesicht?*

Nehmen wir, um dies zu verdeutlichen, eine der tiefauslaufenden Filiationen des Himmels, einen Blutsverwandten, hinsichtlich des darin wirkenden Prinzips, nehmen wir den Schnee.

Das Offensichtliche dabei ist natürlich der horizontumspannende Charakter, das Großaufgebot an Monotonie (und auch der meckernde Maler, der sagt, wie viele Farben man eigentlich braucht, um die *eine* zu malen, die des Laien), die ewige, ja, geradezu auf der Stelle tretende Ununterschiedenheit der Gründe, die einem weiß auf weiß vorliegen, Gründe, die einem abgehen, die gerade aber in ihrer Stillgestelltheit die Potenz zur Lawine auf den Läufer übertragen, ihn verlegen machen und knirschen ...

Doch hier ist es gerade dieser mitlaufende Verdacht, der darauf hinweist, dass das Entscheidende gar nicht primär die Leere ist, das weiße Blatt Papier als *horror vacui*, sondern dass die Unbeschriebenheit als Ausgangspunkt der Gestaltung selbst Ergebnis einer Beschreibung ist, die Welt quasi mit Unbeschriebenheit beschrieben wird.

Das ist beim Schnee leichter vorzustellen, obwohl wir hier den Himmel damit meinen, nicht, weil wir beim Himmel nicht hinlangen können, und der Schnee zumindest etwas dichter ist, also tragfähiger, sondern weil uns der Schnee direkt, weil seitenverkehrt, vormacht, wie es geht, wie er eine gestaltete Welt unter sich vergräbt und sie gleichzeitig in der Auslöschung latent hält, durch einen Direktzusammenfall mit unserer Lebenssphäre – wie er nun nicht einfach auf ihr liegt, sondern sie auf eine Art neu begründet. Das heißt, in einer Welt aus Gestalten (weil wir eben nur dinglich denken können) ist er das ihr – eben als das Beschriebene – begehbar Zugrundeliegende, somit ein Fundament, das hier als Gestaltungsoberfläche stofflich obenauf liegt, und die Welt mit Unbeschriebenheit beschreibt.

Welche Effekte sich daraus ergeben können, zeigt Inger Christensen im Gedicht: ***Hvis jeg står/Stehe ich***

Stehe ich
alleine im schnee
wird klar
daß ich eine uhr bin

wie sollte die ewigkeit sich
sonst zurechtfinden

Eine mögliche Lesart des Gedichtes wäre, sich das Verhältnis von Leben und Tod so herzzerreißend umgekehrt vorzustellen, dass das Leben keine Einlassung ist, keine Ausnahme und kein Satzzeichen in einem unendlichen Niedrigtemperaturbereich, keine wundersame Durchbrechung in einer nach beiden Seiten hin unendlichen Linie von Nicht-Geburt und Tod, sondern dass das Leben, hier markiert durch die Gestalt im Schnee, vielmehr umgekehrt das Umfassende des Todes ist, dass er es ist, der vom Leben abhängt (das Paradox einer ausufernden Insel), ein nur dem Leben, selbst in seiner tödlichen Gesamtausrichtung, zugänglicher Bereich seiner Gestaltgebung, und zwar auf der Basis, und eben im Gegensatz zum erstgenannten Tod, als eine der möglichen Formen der sprachlichen Einlassungen in das Leben, der Tod – ein Lebenszeichen. Das wäre diese oben angesprochene Kurve im Zirkel: *Der Himmel, ein Gesicht, das ohne Kratzer gar nicht wär.*

Doch die Verwandtschaft mit dem Schnee geht noch weiter, eben auch in den Fliehkräften der anderen Kurve.

Nämlich *dass* sich die Gestalt als gestaltgebend erfährt, setzt voraus, dass sich die Gestalt selbst erst vor der Totalität der Ungestalt dieses Hintergrunds als solche erkennt. Der Triumph über die Verlorenheit vor dieser ungestalteten Fläche wird nur möglich, weil der Schnee ein Fundament ist, dem der Akt des Überschreibens mit Unbeschriebenheit innewohnt, auf dem sich die Gestalt zunächst selbst erkennt, und auf dessen Basis sie sich durch das sinngebende Verfahren ihrer Beobachtung die Landschaft als einverleibte Selbstreferenz gegenüberstellt. Erst, wenn man in der Landschaft der einzige Anhaltspunkt ist, wird das Lesen des Zeichens, das man selbst als Gestalt ist, auf Basis der Ungestalt möglich, sogar in dieser gewaltigen Bewegung, es umzudrehen und den Tod in das Leben einzusperren.

Und erst in dieser zweiten Hälfte der Interpretation, die vielleicht sogar viel klassischer daherkommt, entwickelt sich die eigentliche Stoßkraft der ersten, auf die es eigentlich ankommt: Lesen lernt man nicht in den Zeichen. *Was wäre denn der Kratzer ohne das Gesicht?*

*

Wenn hier die Überwindung der Selbstbezüglichkeit ein Produkt ihrer vorherigen Leistung ist, ließe sich dann, zurück zur Metaphysik, nicht auch von einer Astronomie des Nicht-Objekts sprechen? Der Blaue Himmel (in institutioneller Großschreibung) als körperlose Schule der Philosophie, die die Sterne optisch erst angestachelt hat, diese Funktion zu übernehmen, ihrem lichternden Enthüllungscharakter die Potenz einer uns schließlich entwurzelnden und sich einverleibenden Himmelsmechanik einzuhauchen, einer Potenz von Bedeutungen bis hin zur *leeren* Bedeutung?

Denn sicher, es stimmt: Dass es hier auf Erden nicht (oder gerade doch!) mit rechten Dingen zugeht, haben die Sterne in unerbittlicher Urheberschaft geklärt, sind sie es doch, das dingliche Dritte, zum ansonsten undenkbaren Gedanken. Und, ja, erst durch Licht – und das graduelle Abwandern seiner Bedeutung im Prozess des astronomischen Nachwachsens seiner dinglichen Repräsentationsfülle, erst über diesen optisch ansetzenden Hebel, hat sich die Erde schließlich aus ihrer müden Knochenpfanne ausgekugelt, nachdem sie, die Sterne, den Blick von weit her bereits mythologisch zu sich nach oben ausgerichtet hatten – und all dies nun über die Schulter eines zuvor auf dem Bauch liegenden Menschen, als Sachen des faktischen Verdachts. Aber was stach ihn? *Ein Strich / den ein Flugzeug in Tubengeschwindigkeit / auf dieses fröhliche Gesicht setzt / das ohne Kratzer gar nicht wär?*

Doch das hieße, und hier darf noch einmal und in grober Vereinfachung das Prinzip des Himmels in die Filiation fließen, den Schneemann für realer als die Ungestalt seiner Herkunft zu halten, und damit die Hälfte wegzulassen, eben alles schon für ein Jenseits zu nehmen, was selbst nicht im Sinne eines Dings ist, *schon jenseits, das unsichtbare Drumherum / und alles nur 10 Kilo / aus den Horizonten geschürft / und durch den Mut zur Karotte zum Leben erweckt.*

Fragt man sich somit wie Blumenberg in Anlehnung an Poincaré, wie sich wohl eine Physik entwickelt hätte auf einem stets wolkenverhangenen Planeten, und ob damit nicht »*jede Vermutung [unmöglich gewesen wäre], die sich gegen die überwältigende Evidenz der Ruhe des Bodens, auf dem wir stehen und leben, [hätte richten können]?*«,[2] dann ist diese atmosphärische Höhle, von der er spricht, vielleicht schon eine Schlangenhaut, ein bekleideter Pudel, denn die eigentliche Höhle liegt schon in der Klarheit besten Wetters.

Denn wie wäre denn eine Welt, könnte man ergänzend fragen, in der Sonne und Sterne und die sie umgebende Schwärze zugleich zu sehen wären, etwa unter einem Mondhimmel? Wenn also nicht Atmosphärenpartikel, angeleuchtet, das Bild unseres Himmels als Fläche aufhellen und das Dingliche der Himmelsmechanik zunächst, bzw. in der Routine eines täglichen Vorschlags überstrahlen würden, sodass man sich fragen muss, in welche Richtung dieser Vorschlag überhaupt gilt?

Denn was sich durch den ständig durchbrochenen Tag-Nacht-Wechsel (der in den Repräsentationsspielarten des Taghimmels gewissermaßen vertikalisiert wird) erst in Gang setzt, ist nicht nur die dadurch erst mögliche Vorstellung überhaupt *eines* Himmels, als einer Sache für sich, sondern damit zugleich die Optik eines sinngebenden Irrtums, die Optik der Selbstreferenzialität des Erdenlebens in einem Spiegel eines enervierten Undings, schließlich und nämlich im Leben von etwas gemeint zu sein, in der Gattung des unpersönlichen Gemeintseins, in der alle folgenden Bedeutungen erst gründen. *Die besondere Rolle der Augen dabei / der Körper, der es zusammenhält / wie kein Körper sein kann.*

So ist der Himmel der weitestmögliche Bezugsraum, der sowohl noch zur Erde gehört, doch schon außer Reichweite ist. Die Toten können nicht im Weltall wohnen, sie würden die Erde aus dem Blick verlieren, und ebenso kann Gott an keinen anderen Punkt seiner Schöpfung gestellt sein, als hinter den Vorhang des zur Erde gehörenden, aber als Ungestalt zugleich unberührbaren blauen Himmels.

Würde es der Gott des Nachthimmels sein, geht dies nur noch als Panorama, als Gleichzeitigkeit der Zeichen, die mit der Dinglichkeit der Sterne jedoch den Kraftverlust eines vorgestellten Absoluten im Eintausch gegen die Fehlbarkeit gleichzeitiger Götter in Kauf nehmen muss, und sei es nur die darin schon vorgezeichnete und später erst hinzukommende Eigendinglichkeit des Zeichens, also der Sinnverlust, der hier bereits wirkt.

Und in gleicher Weise wird auch erst durch das Verhüllen des Weltalls die Sonne zum Zeiger, herausgestellt, aus einer mittelpunktlosen und indifferenten Zeit des reinen und zeitvergessenen Uhrwerks. Erst so wird sie in ihrer Überfunktion als Spender jeder Chronomatik enggeführt und an die Erde (an die Zeit) angebunden, von ihrem Sternencharakter abgesondert, zu unserer Sonne. Beziehungskrisen erfordern eben eine herausgestellte Beziehung.

Und dabei ist es nun egal, Aufklärung hin oder her, ob die Selbstreferenzialität der Erde das Weltall in die Erde einbezieht oder nicht, ob nun Fixsterne unbewegt sind, auf Schalen sitzen oder der Natur selbst folgen – die Sterne sind ein Vielzeichensystem, noch dazu ein ungleichverteiltes, was ihnen Sprachcharakter gibt, und wer spricht, entzweit.

So ließe sich sagen: Je klarer die Nacht, desto lauter, desto eigensprachlicher ist sie, je klarer aber der Tag, desto mehr schweigt der Himmel und brütet Bedeutungen aus, auf die man nur deuten kann.

Haltsuchend rutscht dort alles Richtung Zeichen ab, denen jedoch diese Verzögerung eines in sie hinabrutschenden Bedeutungsabgrundes in einer Weise eingebläut wird, dass sie (auf das Entschiedenste, weil offen gelassen) nie mehr nur sie selbst sind.

Eine hypothetische Philosophie auf dem Mond hätte diese Fragen somit zwar allesamt sicher schneller beantworten können, aber es wäre gleichsam der Sturz des Analphabeten in die Zeichen, höchst fraglich also, ob ein Denken unter besten astronomischen Beobachtungsbedingungen sie überhaupt gestellt hätte, ob Sterne, so schrecklich offen sichtbar, überhaupt gesehen worden wären, von mehr als nur von Augen, zumindest in einem Maß an Bedeutung, das mehr ist als eine Zeit, die das Verstehen, was zu tun ist, bereits als handelnden eigenen Körper an der Nahtstelle der Handlung abliefert, Zeichen, in die auch viele Tiere des Nachts verwickelt sind, Sterne und Stroh.

Das heißt, der Verdacht, dass alles nicht so ist, wie es scheint, der aber im Scheinen ein Gemeintsein voraussetzt (und sei es, dass es den Gemeinten von sich entzweit – *ein Fisch, der sich auf dem Steg, als ausflippender Verdacht, wer wer ist, plötzlich, und ohne neue Bestimmung, auf die andere Seite dreht*) ruht damit seinerseits auf dem Grundstein einer Poetik, sodass sich erst hier der kopernikanische Streit entzünden und auf den Nachthimmel übertragen konnte, dem der verhüllende blaue Himmel nicht einfach nur dialektisch gegenübergestellt ist. Es handelt sich vielmehr um eine Schule.

Woher sonst käme denn der blind ausgeführte Tritt, der den Weltesel in Bewegung setzt, das Gemeintsein im Rücken des Bewegtseins, bevor die Bewegung sich in ein astronomisches Verkehrsleitsystem verliert (sich selbst loslässt)?

(Vielleicht sind monotheistische Religionen daher Religionen des Taghimmels, die es mit der konstitutiven Abwesenheit aufnehmen, und erst von dort, der Verhüllung aus, den Blick auf die Nacht lenken, die ihnen nicht so viel zu sagen hat, eben weil sie spricht.)

Dass nun die Selbstbezüglichkeit der Erde von ihr selbst hergestellt wird – die Atmosphäre als Abfall des Lebens, Exkremente von Bakterien –, dass ausgerechnet die heranwachsende Unruhe auf der Erde den Großraum eines sichtbaren und zugleich undinglichen Absoluten erschafft, das schweigt, einen imaginativen Raum als Raum des Imaginativen, der wiederum damit erst die Bedingungen eines Denkens schafft, das über sich hinauswächst und die Forderung nach Freigabe des Nicht-Sichtbaren sekundär auf die Dinge überträgt, einen blauen Himmel, in dessen Abschirmungscharakter erst die Kraft nächtlicher Offenbarung semantisiert wird, ist eine der schönsten Tautologieleistungen der Evolution. Sie ist den Wolken weit voraus, eben weil sie, diese atmosphärische Höhle, unter der wir bereits stecken, sie schon unterwandert hat, wenn wir sie sehen – die Höhle und Hölle der Klarheit.

*

Die Bibel, in deren Luther-Übersetzung[3] der Himmelsbegriff rund 600 Mal fällt, bekommt es wie alles Sprechen vom Absoluten mit der poetologischen Problemstellung zu tun, dass die Himmelsverdrängung gerade in der Nennung des Himmels notwendig wird. Denn wie sonst sollte sich das Absolute ins Spiel bringen, *wie sonst sollte sich die Ewigkeit zurechtfinden*, wenn nicht durch einen Verlass darauf, dass die Himmelsvertrautheit als das Unnennbare dem begrifflichen Himmel als dem nicht Gemeinten schon innewohnt, dass Gebilde wie Wolken nicht als Phantasiegebilde, sondern als *tatsächliche* Gebilde in der Phantasie erst wirken, weil sie diese Schule des Himmels durchfahren haben?

So ist die Horizontal-Achse des Himmels, wie es die israelitische Himmelsarchitektur mit ihrem Doppelkammersystem des Himmels vorgibt, ein gedoppelter Himmel mit *einem* Gesicht, an dem sich nicht nur die Dingwelt scheidet und bemisst, sondern wo es der Himmel selbst ist, der, auf sich zurückgeworfen, seinen hybriden Aggregatzustand stabilisiert: Einmal ein Himmel als geschaffenes Ding, das *noch* zur Schöpfung gehört, als erster und letzter Horizont, das dingliche Maß aller Dinge, und anderseits dem gerade noch dinglich denkbaren Unding eines Aufenthaltsortes des Schöpfers, eine Art Konzessionsdinglichkeit, weil man ja immer *etwas* denken muss.

Am Himmel bleibt somit die unruhige Frage heften, was an Gegenständlichem überhaupt übrig bleibt, wenn man alles von ihm abzieht, was geschaffen ist, oder umgekehrt: Da ja alles geschaffen wird, wird die Himmelsdecke sowohl zu einer Zwischendecke, also in die

Realbegriffe der irdischen Zusammenhänge ein Stück tiefer gehängt – damit auch ein vorsätzlich von Gott aufgestellter Paravent, ein nacktes Kleid, das die Quelle von den Erzeugnissen abschirmt –, als auch ein Objekt, das anhand seiner undinglichen Dinglichkeit der restlichen Schöpfung immer um eine Nasenspitze voraus ist, als erste und zugleich unter irdischen Maßstäben größte Unsache.

Der Himmel wird dadurch zur Stelle der Begriffsverweigerung Gottes selbst und ist damit stets auch *im Begriff* – gleichwohl uneinlösbar – zu seiner lokalen Synonymstelle zu werden, die Begriffsverweigerung als Begriff.

Wenn es in der Bibel somit im Rückblick auf die Genesis heißt: »*Also ist Himmel und Erde geworden, da sie geschaffen sind, zu der Zeit, da Gott der Herr Erde und Himmel machte.*« (1. Mose, 2), so muss man sich fragen, was diese Beweisführung der Einheit eines einzigen Vorgangs mittels einer eigentlich trennenden zeitlichen Verknüpfung, der Suggestion also zweier Vorgänge, bewirken soll? Beweist sich die Einheit im Getrennten? Eine mögliche Antwort wäre, dass hier das Himmelsproblem selbst zur Sprache kommt. Die spiegelsymmetrische Funktion der Himmelsachse – gleichzeitig Konzession an die Dinge sowie auch Negation des Dings zu sein, dies jedoch in Form *eines* Subjekts –, wird hier von der Grammatik über Kreuz übernommen: keine Dialektik, sondern das Austarieren (des unmöglichen Raums) der Differenz.

Neben all dem formelhaften Gebrauch, dem Mantra der schöpferischen Primärstellung des Himmels als dem Ersten des von *Himmel und Erde* gemachten, oder der Wendung: *Gott im Himmel*, wo sich mit Himmel als lokaler Nachname Gottes eine Gleichbedeutung von Name und Nomen einschleift, neben all den deiktischen Funktionen, auf den Himmel mit Gesten zu deuten, ohne sprechen zu müssen – das Problem also zu lösen, indem man es vormacht, spricht, indem man schweigt, das Dislozierende der Sprache wieder sprachlich einzurenken versucht, und den vielen, vielen anderen Deklinationsstufen, die die Doppelfunktion des Himmels über die Bibel hinweg auffächern, gibt es zwei Stellen, die hier noch genannt werden sollen.

Zunächst im 2. Buch, Mose, 24, als Moses den zuvor wohlgemerkt aus dem Dunkeln des Himmels erhaltenen Auftrag Gottes ausführt, zu ihm hinaufzusteigen, auf den Berg, und ihn anzubeten:
»*Da stiegen Mose und Aaron, Nadab und Abihu und siebzig von den Ältesten Israels hinauf und sahen den Gott Israels. Unter seinen Füßen war es wie ein schöner Saphir und wie die Gestalt des Himmels, wenn's klar ist.*« (2. Mos, 24)

Wenn man den Vorhang also aufzieht, hineinwandert in die verschlingende Undinglichkeit der Schönwetterlage, kommt es natürlich zur Überbelichtung, – *wenn's klar ist*, was Klarheit nicht sein kann – vom unteren Rand schon schummelt sich die Sonne, hier als ein mineralischer Ausweichgegenstand in das Bild. Zugleich jedoch als einziger Gegenstand, der mit einem natürlichen Anschauungsverdikt versehen ist, wiederholt sie, ohne mit ihm identisch zu sein, Gott als Zeichen, doch neben, bzw. unter ihm, sodass er im Zwielicht nicht durch das

Zeichen substituiert, sondern konstituiert wird, ein Blendungsunfall, als den sie ihn erblicken (jene *Entgleisung*).

Im Akt, das Geländer aus Wolken und Tauben loszulassen und den Sturz zu riskieren, an dieser einzigen Stelle der Bibel, die sich dem empirischen blauen Himmel stellt, liegt damit die inhärente Funktion des Himmelsgottes als radiologischer Befund offen, einen abweisenden Charakter zu haben. Es gilt, wenn schon Selbstrepräsentation der Unrepräsentierbarkeit geleistet ist, mit dem Angesicht unter der Fußsohle zu stehen, in der Demütigung belohnt zu werden, Gott als seine Zurückweisung zu erfahren, ihn, verborgen unter der Unterkante seines Körpers, wo er sich im Entgegenkommen in die Dinge als Sonnenlicht aufzulösen beginnt, als sein faktisches *Nein* sichtbar zu machen. Die Geburt des *Ja* im *Nein* (von einem Zeichen, das die Augen verbrennt, zurück ins Blaue zu rutschen, den Abgrund hinaufzufallen).

Und weiter heißt es: »*Und er reckte seine Hand nicht aus wider die Obersten in Israel. Und da sie Gott geschaut hatten, aßen und tranken sie.*« (ebd.)

Nicht bestrafen heißt, sich nicht zu zeigen, die Hand nicht als Hand auszustrecken. Nicht zu richten, ist nicht richten durch Aufrichten, verschont zu werden, indem er uns mit sich verschont.

Dann schon verhüllt sich der Berg in Wolken, vom Röntgenbild der Undinglichkeit wieder zurück in die bereits bekannte dingliche Sekundärverhülltheit (der bekleidete Pudel), um die Übergabe der Gebote vorzubereiten, vierzig Tage stillstehendes, schlechtes Wetter.

Erst von hier aus, unter diesem Gesichtspunkt die Bibel von hinten nach vorn lesend, kommt die Erstfunktion des Himmels im Weltbau des Schöpfungskapitels zur Geltung. Der Himmel als *Feste* – das Ding, das nicht gewonnen wird aus der Unterscheidung von anderen Dingen, sondern das Ding, das das Ding des Unterscheidens selbst ist. Das Ding des Kriteriums. So wird Gott in der Genesis zitiert:

»*>Es werde eine Feste zwischen den Wassern, und die sei ein Unterschied zwischen den Wassern.<*

Da machte Gott die Feste und schied das Wasser unter der Feste von dem Wasser über der Feste. Und es geschah also. Und Gott nannte die Feste Himmel.« (1. Mos, 1)

Als Schreibunterlage, mit Unbeschriebenheit beschrieben, scheidet der Himmel das Gleiche von sich selbst ab, und ist damit die erste räumliche Ausdehnung eines Gedankens. Und zwar nicht, indem das Gleiche geteilt wird, sodass es sich verdoppelt, und in der Abstraktion der Welt hinter dem Himmel noch einmal vorkommt, in der Art irdischer Möblierung des Himmelreiches, für das sich das Christentum später geschämt hat, sondern als Nichtselbstidentisches, als erster von dort in die Welt ausgehender Niederschlag (im doppelten Sinne, sowohl als Gedanke, als auch als das Mittel seiner Selbstbegrenzung).

Und auch die Fehlfarben dieser Verhüllung sind bemerkenswert, dass angesichts des sonstigen Gebrauchs in der Geschwistermetaphorik von Licht und Wahrheit, das Licht des Taghimmels eigentlich verhüllt und das Dunkle offenbart – wie auch der Begriff des Himmelszeltes umgekehrt die Geborgenheit des Daches nahelegt,

Textsicherheit, weil überhaupt Text geliefert wird, doch als Zelt vielmehr den Tag beschreiben könnte, der uns so offen und unbeschrieben als Gestaltungsfläche in Ruhe walten lässt, mit den Zeichen verschont, und uns gerade darin erst für sie aufschließt, das heißt, in dieser »oben« aufliegenden Selbstreferenzialität als Mensch schon ein solches zu sein, auf weiter Flur.

Es ist der Himmel unter dem, unbeobachtet von den Sternen, gelebt und gestorben wird, der durch seine das einzelne Leben ignorierende und zugleich ermutigende Unbeschriebenheit den uneinholbaren Abstand des Lebens selbst verkörpert, auf dass das Leben und die Tage jeweils selbstbezogen neu beginnen können, auch in der Potenz, blau zu machen, der Potenz *Nicht-zu*. Gäbe es im offenen Weltall einen freien Tag?

Der Satz: *Morgen ist auch noch ein Tag*, ist vielleicht der schmerzhafteste Gedanke am Todestag, der mit dem darin enthaltenen Trost sogar in eins fallen kann. Das ist die erste und letzte Schule, der Himmel der verschränkten Arme. *Der Junihimmel, der statt es zu fangen, stillhält.*

P.S. / Kommentar:

Wenn man diesen Essay in seiner Gesamtheit nun als ein einzelnes Argument anbrächte, bei der Frage, was mit dem Naturbegriff in Zukunft geschehen soll, wie es mit ihm weitergehen kann, da er doch zurecht im Verdacht steht, appropriativ und kapitalistisch zu sein, ließe sich dann nicht sagen, dass sich hier eine entscheidende Analogie sichtbar macht, die man zu seiner Verteidigung vorbringen kann oder sogar muss?

Dass sich nämlich die Monstrosität des zeichenlosen Zeichens dieses Blauen Himmels, wie er hier verstanden wird, thematisch und institutionell, zu den Gegenständen, die ihn repräsentieren, verhält, wie der Horizont, der sich im Naturbegriff versteckt, zum Tier?

Dabei ist die Natur nicht einfach Blau oder Grün (abstrahierbar als immerferne Großfläche ihrer Eigenangelegenheiten), sondern sie steht, weil beides Orte einer distanzschaffenden und zugleich zum Lesen erst befähigenden Praxis sind (also auch »nah« sind), in einer Strukturanalogie zu dieser Art Himmel.

Beides sind von je her postmoderne Orte (trotz der Geschichtlichkeit, der der Naturbegriff unterworfen ist, die jedoch von ihrer Funktionsweise, »Geschichten« erst erzählen zu können, aus der Distanz heraus, schon nicht mehr in ihr zu sein / sein zu müssen, ihr, bzw. ihrer zeichenhaften Unmittelbarkeit entronnen zu sein, überstrahlt wird, als gäbe es die Natur als »die Natur« schon immer).

In beiden Fällen markieren sich Orte, die voraussetzen, dass sie keine sind, Orte als *Un*orte, Orte als Quellen des Spiels der Repräsentation, die damit nicht einfach nur falsch auserzählte Konstruktionen der Selbstbeschreibung des Menschen ermöglichen (Große Erzählungen), sondern, viel lebendiger, das Scharnier ihrer Konstruierbarkeit selbst als Raum markieren.

Falsch und gefährlich, wie diese Konstruktionen also sein mögen, sie bringen diese Räume, die sie nicht sind, erst hervor (als Strukturerzählung), ohne aber in ihnen (ihrer Strukturalität) aufgehen zu können, eine sich bedingende Doppeleigenschaft:

Gerade in der Vergeblichkeit, sich erschöpfend im »Raum«, der sie repräsentiert, auserzählen zu können, schließen sie diese Räume erst auf (unter jedem Baum steckt eine Lichtung) – Räume als eine Form des Scheiterns an ihnen –, die dadurch auch umgekehrt, und das ist nicht weniger wichtig, einen Schutz der Konstruktion vor sich selbst darstellen.

Daraus ergibt sich z. B. das Paradox, dass eine vom Menschen konstruierte Natur – als Distanzbegriff – zugleich der beste Schutz davor ist, die Natur zu einer geschlossenen menschlichen Vorstellung zu machen ...

Zu fragen wäre daher nach der Krux, die es ist, ob nicht ein in diesem Sinne konstruktivistisch gedachter Naturbegriff – der die Konstruktion nicht nur erst ermöglicht, sondern durch den räumlich ausgelagerten Ermöglichungscharakter auch fraglich hält –, nicht ebenso in einer architektonisch paradox auf der Stelle tretenden Doppelkammer steht, Höhle und Hölle zu sein, in der sich zugleich die Quelle auch *des Wertes* der in ihr (in ihnen) *als Natur* verstandenen Lebewesen erst ermittelbar macht (etwa als die aus der Möglichkeit der Ökonomie heraus gedachte »Nicht-Ökonomie« des Natürlichen).

Gibt man diesen Begriff nicht zu schnell preis, wenn man berechtigter Weise gegen die Hölleneigenschaften der Naturmetaphoriken vorgeht, als gäbe es nur diese eine Richtung, dass das Ausgrenzende im Anderen immer vom Subjekt wegzeigt, statt damit zugleich auch Käfig und Selbstkontrolle des Menschen zu sein, gegenüber einer freilaufenden, unausgesperrt-ausgesperrten Natur (die sich über die Bande des »Nicht« anspielen muss, um ein positiver Begriff zu werden)?

Entkommen nicht die Tiere geradezu aus dem Gehege ihrer *Un*fabriziertheit, das zugleich auch den Menschen umzäunt – sodass sie seinen Umdeutungen erst recht ausgesetzt sind, wenn man den Himmel gegen die Sterne tauscht –, kapitalistische Tiere?

Und tut man damit nicht so, als handele es sich um eine beliebige Konstruktion unter anderen, nicht um den Maschinenraum der Konstruier- und damit auch Dekonstruierbarkeit selbst, dessen Derivate man nun auf die Quelle selbst anwendet? Mit den geschmiedeten Werkzeugen auf den Schmied losgehen? Oder verheimlicht sich hier die Natur der Dekonstruktion – Naturbegriffsfeindlichkeit gerade als Ausdruck eines intakten Naturbegriffs, nämlich von Werkzeug*naturen*, im festen Glauben, sie sei gut? Dieser Fetisch, die aus dem postmodernen Denken gewonnene Strukturalität in ein Ding der Struktur zurückzuübersetzen ...

Wir sind vielleicht nie modern gewesen, aber waren immer schon in diesem Sinne zu Fehlern, aus denen sich lernen lässt, überhaupt erst befähigt (der Potenz *Nicht-zu* – durchaus wie hier verwendet, als Blauer Tag – einer Unterlassungshandlung, der Unterlassung, schlecht zu sein). Diese operative Differenz kann von operierender Differenziertheit nicht ohne weiteres ersetzt werden. Auch wenn eine solche Unterlassungsethik in Zeiten der Katastrophe bereits nicht mehr ausreicht, fußt doch alles denkbar Sinnvolle des aktiven Weiterhandelns in dieser Leerstelle, die Verantwortung für das zeichenlose Zeichen auf weiter Flur zu übernehmen.

Oder anders: Dass man der Natur habhaft werden kann, besteht als kapitalistische, appropriative Gefahr insofern fort, als sie mit ihrer Deutung – selbst im Prozess der Auflösung des Naturbegriffs, und mag sie politisch noch so notwendig erscheinen –, das heißt, auch mit ihrer menschengemachten Rettung in eins fallen kann, als Überlebenstier.

---

[1] Nelly Sachs: *Chor der Wolken*, in: *Fahrt ins Staublose. Die Gedichte der Nelly Sachs*, Frankfurt/Main: Suhrkamp, 1961, S. 63.
[2] Hans Blumenberg: *Die Genesis der Kopernikanischen Welt*, Bd. 1/3. *Die Zweideutigkeit des Himmels, Eröffnung der Möglichkeit eines Kopernikus*, Frankfurt/Main: Suhrkamp, 2007, S. 12.
[3] *Die Bibel*, rev. Fassung der dt. Übers. v. Martin Luther, Stuttgart: Deutsche Bibelgesellschaft, 1912.

Das Gedicht *Stehe ich* von Inger Christensen ist entnommen aus: Inger Christensen: *lys/licht*, übers. v. Hans Grössel, Münster: BuchKunst Kleinheinrich, 2008, S. 7.

Die Tiere wissen noch nicht Bescheid –

Man sollte bald damit aufhören, den sich auflösenden großen Erzählungen wie einem letzten Silvester beizuwohnen. Mit diesem spezifischen Staunen, die fliegenden Diskurstrümmer, der Junge mit Chemiebaukasten. Kongruente Bewegungen gilt es zu vermeiden, nicht zu viel Assoziieren, für Autopoesie gibt es das Internet. Doch es ist schwer, lange im Spagat zu stehen. Wie viel Zeit bleibt dem Gedicht? Was sagt uns z. B. die Körper-Akrobatik der Tiere?

Es mutet fast wie ein Wunder an, dass es die Tiere überhaupt noch gibt, dass sie noch nicht Bescheid wissen. Aber sie stecken auf eine produktive Weise fest. Einerseits die Vergeblichkeit, dass sie trotz unermüdlichem Vollgas von sich aus keine Natur herausbilden können. Selbst würden wir sie einschließen und den Schlüssel wegwerfen, werden sie im Strukturraum bald so klingen, wie es die Schildkröte auf Laminat vormacht, obwohl sie sich tatsächlich noch in Gebüschen und sonstwo aufhalten und gewohnt elegante Bewegungen vollziehen. Andererseits sind nach wie vor sie es, die den Menschen davor schützen, dass er vollkommen in seinen Produktionsverhältnissen aufgeht, mit Haut und Haaren eine Struktur wird.

Die Tiere sind damit Geheimnisträger besonderer Art, zu deren neueren Körpereigenschaften es gehört, gerade im Gelingen immer behinderter, in der Vollendung immer vergeblicher zu werden. Mehr als die beste Zirkusnummer ist es, bei lebendigem Leibe anachronistisch zu sein, völlig nackt, die falschen Sachen zu tragen. Es lässt sich vielleicht sagen: In der Postmoderne werden wir, zumindest in einer Übergangszeit noch, von den Tieren als Clowns beschützt. Sie sind phantastisch ungeeignet, länger bei uns zu bleiben, und bleiben als die, die verschwinden.

Die Lyrik aber bewegt sich hier auf vertrautem Gelände. Sie ist in diesen, obwohl tendenziell bösartigen Strukturverschiebungen trotzdem naturgemäß zuhause. Sie kann Dinge so setzen, dass sie nicht mehr passen, damit sie sprechen. Vor allem davon, wo sie sich befunden haben, von der zurückgelegten Strecke. Latenz. Also Tiergedichte? Oder das Gedicht wie ein Tier behandeln?

Zumindest muss sich die Lyrik die Frage stellen, wie damit umzugehen ist, dass eine sprachliche Technik, die ihr so vertraut ist, ihr in dieser Weise von allein entgegenkommt.

Alle vormals festen Körper erlernen die Fähigkeit, sich mit genuin poetischen Mitteln selbst zu verzehren. Und zwar nicht als Motiv. Stets dachten wir, die Natur wäre bedroht, indem wir ihr Platz und Platzhalter entziehen. Doch das Aufenthaltsmedium des Tiers kann als menschliche Leistung, Natur zu verstehen, bereits vor ihren Exemplaren verschwinden, und es können sogar noch neue Tiere als Riegel davorgeschoben werden. Vielleicht fällt der Lyrik die spezielle Rolle zu, statt sich mit dieser Potenz in einer starren Welt aufzutun, sich vielmehr zur Entfesselung ihrer eigenen Kräfte verhalten zu müssen.

Da –

Wenn ein *Kleinst*kind auf etwas zeigt, dann ist dieses erste und vielleicht kleinste Wort »Da« eine Frühform des »Ich«. Das Kind kann so voll und ganz *bei der Sache sein*, ohne sich selbst als »Ich« mit in die Betrachtung einzubeziehen (ohne sich im wahrsten Sinne *in* Betracht zu ziehen), dass es sich ganz außerhalb seines körperlichen »Apparates« befindet – dort also, wo selbst der Körper dann noch ist, wenn er sich findet –, als könnte es fliegen.

Ohne Ich-Konzept, ohne das Lexem »Ich« und ohne sich daran gewöhnt zu haben, lebenslang in unbequemer Sitzhaltung als Betrachter stets mit vor den Dingen zu sitzen oder zu stehen, quasi (mit) *im Bilde* zu sein, geht es als die Bilder selbst um.

Das Kind zeigt von sich weg und zeigt damit, wo es gerade ist, es zeigt auf seine Aufmerksamkeit und zeigt damit auf sich, und ist damit (im Heideggerschen Sinne) ganz *draußen*, in der Lebenspraxis, dort, wo auf der Horizontlinie, auf der auch die Tiere unterwegs sind, eine Kernfusion vonstatten geht, bei der als Abfallprodukte Objekte entstehen, die den Zerfall der verstandenen Welt in schwerere Elemente der Erkenntnis markieren.

Das Kind schaut somit fast in den Horizont der Sternentstehung hinein, wo sich lebenslange Objekte formieren, Objekte, die dann wahrgenommen, *vor* dem »Ich« da sind, im doppelten Sinne, deren Variantenreichtum das »Ich-Objekt« als »Nicht-Objekt« erst bereithält, wenn sie bald nach dieser Sternstunde auf das Kind zurückfallen.

Das »Ich« nun ist ein Sprühregen aus dieser Objektentstehung, deren Zeuge das Kind ist, weil es genau und nicht umsonst auf der Schwelle liegt, tätig und unentschieden zwischen Verstehen und Erkennen, zwischen Tier und Mensch. Hungrig zu sein, ohne zu wissen, was ein »Ich« ist, und so intensiv wie später nie mehr aufmerksam zu sein, ohne in der Kontur der Dinge Verdacht zu schöpfen, dass es sich um ein *Anderes* handeln könnte, diese Zustände werden nur von ihm beherrscht.

Das entzückende »Da« ist also keine Gardine und kein Baum, auch wenn die Eltern mit Vokabeln herbeieilen, in der Annahme, hier bestünde Klärungsbedarf als Brücke zum Objekt. Vielmehr könnten sie auch sagen: »Ja, da bist du, und da war ich auch mal.«

(Sich) Festhalten an der Natur, 1–3

Es geht hier nicht um Trost und auch nicht um das Pappmaché einer erbaulichen Bergkulisse, obwohl diese keineswegs zu verachten ist, auch *wenn* wir sie hier verächtlich mit den dazu mitvorgestellten quietschenden Rädern für einen Moment in den Fundus auffindbarer Naturen zurückschieben, denn man weiß nie, wer was damit anstellt (das Felsentheater), ob nicht Fleece- und Wolfskinverpackungen eigentlich die Wadenwickel der Berge sind, ob nicht ein Schauspieler aus einem echten Knie blutet.

Kaum etwas Schöneres gibt es als die Berge, doch wir lassen uns hier von der Sprache leiten, und vermuten, dass es nicht umsonst eine Verbindung gibt zwischen dem Jägerjargon, einen Hirsch erst zu schießen, wenn man ihn *ansprechen* kann, das heißt bestimmen und ihm in die Augen sehen, und dem geologischen Terminus der Gesteinsansprache. Alle Geröllhirsche müssen hier mal einen Moment ungeschossen am Rand warten, wenn wir den Trost der Berge in simulierter Verachtung beiseite schieben und sagen: Gesucht wird ein anderes Festhalten an der Natur, ein *un*griffiges. – Schon wieder so ein Wort, das man nicht verstehen kann, wenn man sich dabei nicht auf die verneinte Konkretion seines Gegenteils stützt und damit Gefahr läuft, in dieser Verachtungssimulation auch noch die Bouldercommunity gegen sich aufzubringen. Aber es muss sein; an der Natur wird viel zu viel gehangen und geklebt.

Stellen wir uns also kurz nur, und daher für unsere Verneinungsoperation bereits zum Schema erstarrt, einen Freeclimber vor, der sich an einem Felsüberhang mit nur einer Hand an der Natur festhält, über einem Abgrund, den er im Huckepack seines möglichen Todes voll und ganz mit sich selbst ausfüllt, ein Raum, der gerade noch *so* durchlässig unter ihm steht und ihn trägt, dass die Abendsonne zusätzlich hindurchscheinen kann.

Seine Hand nun ist das größtmögliche Äquivalent zum Griff einer Natur, an der man sich, indem man *sie* nämlich unter die Falte einer Handlung schiebt, *griffig* festhalten kann, denn nicht nur sein ganzes Gewicht hängt daran, gleich einer Waage, sondern im Strukturäquivalent, wie sich 27 Knochen, 36 Gelenke, 39 Muskeln sowie zahlreiche Bänder und Sehnen in das Formgefüge des Gesteins einfügen, mit genau dem erforderlichen Druck, den diese Masse verlangt (wenn man nur die Hand nimmt, nicht die Ideen, die sich bei Michelangelo die Fingerspitzen entgegenführen), auch sein Leben.

Und hier lässt es sich zusammenführen, als Aufgabenstellung in simulierter Verachtung, wo wir nicht hinwollen: Wir haben einerseits den Trost, der sich auf röhrende Naturentitäten stützt, auf den Kulissendonner, der gerade an der an den Menschenappetit angepassten Kommensurabilität der Trostgegenstände oft nur das Magenknurren ist, mit dem sich der wiederkäuend Behirschte in die von Seinesgleichen abgegrasten Augenweiden verbeißt. So kann man gerade im Teilen der Natur auch das Hassen lernen, weil sie gemeinsames dümmliches Davorstehen (Seiten-*grip*) genauso toleriert wie das Kommen und Gehen der Arten. Und auch jedes in seine Selbst-Idee verstiegene Mountainbike noch. Ich also als »ausgerechnet Du«, das das Echo seiner mitgebrachten Menschenflucht ist.

Und kann man dies nun als *Trost ohne Halt* bezeichnen, wobei nicht Untröstlichkeit gemeint ist, sondern ein tatsächlich wirkender Trost, der kein Halten mehr kennt, denn sie geben nicht auf, so muss der Trost zwangsläufig von seiner Haltlosigkeit bereits unterspült worden sein, auch mit diesem Hass, der als Ausweichtrost dem Trost der Getrösteten um ein Echo voraus ist.

Haben wir also einerseits diesen *Trost ohne Halt* – ein Spiel übrigens, das sogar so weit gehen kann, dass man sich von der Natur sogar für ihre Zerstörung trösten lässt, ohne diesen Trost des Überführten in Handlungen zu ihrer Vermeidung rücküberführen zu müssen, das Phänomen also, in Gegenüberstellung mit dem Schamgegenstand entschuldet zu werden, als ein weiteres Beispiel in sich kurzgeschlossener Gefühle eines »Ich« als »ausgerechnet Du« –, so haben wir andererseits unseren Strukturexperten, den von der Abendsonne goldgerösteten Cliffhanger als Maximalform eines *Halts ohne Trost*, weil er es nur selbst ist, in den er als Rachen seiner selbstgestellten Aufgabe hinabzustürzen droht.

Trost ohne Halt und *Halt ohne Trost* als die zwei gesuchten konkreten Fehlformen des Festhaltens an der Natur.

Da dies aber nur eine simulierte Verachtung ist, fast ein sportliches Experiment, auf der Suche nach einem Festhalten an der Natur, das tröstet, eben weil es *ungriffig* ist, und damit gerade dem Untröstlichen Halt bieten kann, ist dieses Vorgehen bei weitem keine Gebärde kultureller Überlegenheit, sondern nur der Versuch, die Herausforderungen als ein gemeinsames technisches Problem anzunehmen, selbst das des Hasses.

Als Suchdirektive gilt weiterhin und damit sogar als Ohrfeige der klassischen Kulturkritik, wie das verneinte Konkrete dem Abstrakten selbst einen Halt bieten kann.

So sind wir regelrecht verpflichtet, abschließend, bevor diese Suche beginnt, noch etwas zu ihrer Verteidigung vorzubringen, im Sinne eines technischen Kommentars innerhalb einer gemeinsamen Aufgabenstellung, das heißt, in Verteidigung dessen, wie sich diese zwei aufgeführten Fehlformen eines Festhaltens an der Natur, *Trost ohne Halt* und *Halt ohne Trost*, nicht primär *an*, sondern vor allem *in* der Natur vergreifen.

Denn die Richtung, sich bei diesem gesuchten Festhaltevermögen der Natur direkt an sie zu wenden, selbst im Unvermögen, sich für eine Rettungsaktion allein auf ihren entschuldenden Anblick zu stützen, scheint doch zu stimmen, ist sie doch selbst erst entstanden durch lauter Einzelaktionen eines haltlosen Hineingreifens, wie mit dem Mähdrescher, das den eigenen Griff als die Falte einer Handlung unterwandert, um auf der anderen Seite, nun jedoch *un*griffig stets wieder aufzuerstehen.

Und wie sollte man auf diese Weise ahnen, dass sie damit die Art, sich ihr zu nähern, unter sich vergraben hat, dass sie als Jüngere gegenüber der Landschaft, die sich an ihr vergriffen hat, das erst *vernachträglicht* Ältere ist, oder dass ein in solcher Weise unterwanderter Horizont schon dann ein Greifen ist, sobald er zum Festhalten einlädt, die Hände der Getrösteten also noch unschuldig in den Hosentaschen stecken, eben weil sie, die Natur, in diesem uneindeutigen Verhältnis steht, dass sie den zu Fehlgriffen weiterrotierenden Zerstörungsanlagen aufsitzt als eine Linie, die sowohl hinten und vorne zugleich ist?

Und wie sollte man auf diese Weise ahnen, dass man im festhaltenden Griff *in* sie hinein, und sei es der, sie zu retten, der notwendigste –, der sich dabei eben in der Not als *Halt ohne Trost* am Griffigsten orientiert, was sie zu bieten hat, der reinen Interaktion, strukturgleich mit ihrer Zerstörung macht?

Und wie sollte man auf diese Weise ahnen, dass auch umgekehrt gilt, dass man sich, um die Zerstörung anzuhalten, ironischerweise an deren Produkt halten muss, rein technisch, auch hier die Arme überkreuznehmen, sich nicht nur selbst, sondern umgekehrt auch *sie*, als Konzept, an zwei Enden die Natur also festhalten muss, solange es noch nicht zu spät ist?

Wie also sollte man, wenn es so oder so ähnlich doch schon bereits bekannt war, nur eben vergessen ist, auf eine Art mitbegraben im Notfall, durch viel zu langes dümmliches Davorstehen, oder sogar durch den Hass auf die Zerstörung selbst, der sich ihrer Ungeduld versehentlich angeschlossen hat, eben weil er ihr nur um ein Echo voraus war?

Und eben das ist schon die Entschuldigung. Denn verloren gegangen scheint hier, im *Trost ohne Halt* und im *Halt ohne Trost* nicht die »richtige« Wahl des »richtigen« Gegenstandes, sondern der technische Akt, sie, die Natur, überhaupt dadurch erst zu erhalten, dass man sie im Festhalten zugleich von sich weghält – also Distanz, die doch umso abwegiger erscheint, je dringlicher das Gebot ihrer Rettung ist.

Es ist somit eine Doppelaufgabe, die wir hier kollegial in dem, was wir simulierend verachten, um selbst Halt zu finden, mitverfolgen, bei jenem doppelten »Festhalten an der Natur«.

Denn nur als solche, als Doppelaufgabe, ist jede Ökologie, die sich nicht bloß an der Natur als Griff einer Falte der eigenen Handlung festhält und sich strukturell damit über dem Abgrund der Ökonomie ihrer selbstgestellten Aufgaben goldrösten lässt, *romantisch*, sowie umgekehrt jede Romantik *technisch*, die sich nicht zu den Behirschten gesellt.

Wir eröffnen also hier eine Sammlung, die sich beliebig fortsetzen ließe, und doch nun, nach langer Vorrede, kurz bleiben darf, weil sie nur dieses Prinzip verdeutlichen soll, in der Not an zwei Orten zugleich zu sein.

Und hier profitieren wir bereits von diesen Vorannahmen. Nicht nur dass wir durch die Engführung von Trost und Ökologie, die eben durch den Status der Doppelaufgabe keine Heilsökologie ist, unter einem Nenner abhandeln können, was sich mit der Schrecklichkeit der Geschichte und der heraufziehenden Klimakatastrophe als Aufgabe stellt.

Zum anderen erscheinen uns die Beispiele, die wir aufführen werden, gegenüber dem, was wir hier vermeintlich verächtlich gemacht haben, nicht moralisch überlegen. Wenn es nun also vor dem Hintergrund dieser Irrtümer um das Untröstlichste geht, dann doch so, dass es zum Schrecklichsten dazu gehört, gerade ihrer ohne jede Chance auf Wiedererlangung beraubt zu werden.

Wie (sich) also festhalten an der Natur?

1 – Der absolute Zeuge

Dort, in der Erscheinung des sogenannten »Muselmanns« in den Vernichtungslagern des Nationalsozialismus, befindet sich ein Mensch, der nur noch vegetativ existiert. Es ist eine von den Mitgefangenen so genannte Kategorie des Gefangenen – vielleicht wegen des auffälligen Gangs oder der vermeintlich sichtbaren »Selektionsreife«, wie man etwa in Primo Levis Erfahrungsbericht »Ist das ein Mensch?« nachlesen kann.[1]

Doch ist damit nicht die Kategorie einer festen Gruppe von »Anderen« bezeichnet, sondern als Kategorie vielmehr die Gruppe eines *Stadiums*, einer möglichen und doch gewissen Verlaufsform der Gefangenschaft selbst.

Muselmann wird man, wenn man nicht wie durch ein Wunder verschont wird oder nicht zuvor, vor Erreichen dieses Stadiums, bereits ohnehin vernichtet wurde, oder sich nicht an anderen vergeht, sie nicht übervorteilt, sich nicht mit dem Lager, um gegen es zu arbeiten, partiell gemeinmacht, sondern lediglich der wird, der man wird, wenn *es* so weitergeht. »*Einen dritten Weg gibt es im Leben, und da ist er sogar die Regel; aber im Konzentrationslager gibt es ihn nicht.*«[2]

Das heißt, markiert wird damit die unstete Zone innerhalb eines Trichters, durch den man, unten angekommen, sollte man noch leben, in der Absolutheit der auf die eigene Vernichtung ausgerichteten Erfahrung aufgeht und als Mensch zerbricht. »*Alle Muselmänner [...] sind dem Gefälle gefolgt bis in die Tiefe, ganz natürlich, wie die Bäche, die schließlich im Meer enden.*«[3]

Indem sich der Mensch aber als das dem Lager gegenüberstehende Subjekt irgendwann loslässt, ist sein Zerbrechen auch eine Form der Hingabe: Er wird zugleich am lebendigen Leib zur Essenz des Lagers, zur Totalität seines lebenden Zeugnisses.

Der Muselmann ist damit im Sinne Agambens (»Was von Auschwitz bleibt. Das Archiv und der Zeuge«) ein Mensch, der die Erfahrung des Lagers, eben weil das zu Bezeugende ihn als Zeugen so deckungsgleich umfänglich in sich aufgenommen hat, vollends bezeugt. Er ist der absolute, bzw. der »*vollständige Zeuge*«[4], weil er all das *ist*, was hier zu bezeugen ist.

Und gerade aus diesem Grund, dass er all das *ist*, was hier zu bezeugen ist, ist er zugleich jemand, der nicht mehr sprechen, nichts mehr bezeugen kann. Dem Tode geweiht, ohne tot zu sein, und mit der Reduzierung des Menschen auf das »nackte Leben« identisch geworden, ist er bis zur Unvermittelbarkeit unmittelbar. Der Muselmann *ist* sein Zeugnis und er ist *sein* Zeugnis. Er ist diese Doppelfigur und damit zugleich auch die »*Lücke*«[5] jeder Zeugenschaft die hier zur körperlichen Totalität wird.

So aber ist umgekehrt derjenige, der den Muselmann in der Weise überlebt, dass er *von* ihm berichten kann, der »Mensch« als der »Sprechende« (der sein Subjekt sprachlich und damit performativ in der Rede konstituieren kann, weil er es muss, um es zu bewahren), nicht jener selbst. Er kann die Erfahrung des Muselmanns nicht gemacht haben, sonst könnte er nicht mehr sprechen und wäre kein »Mensch« mehr. Er kann also umgekehrt den vollkommenen Zeugen seinerseits nicht bezeugen.

Und hier kulminiert etwas, was für Agamben eine Grundkonstitution der sprachlichen Verfasstheit menschlicher Existenz selbst ist: »*Der Wissende macht die Erfahrung einer schmerzlichen Unmöglichkeit zu sagen [,] und der Sprechende die Erfahrung einer ebenso bitteren Unmöglichkeit zu wissen.*«[6]

Das Paradox der Erscheinung des Muselmanns besteht somit nicht nur darin, dass »[d]er *Mensch [...] derjenige* [ist], *der den Menschen überleben kann*«,[7] sondern, in dieser sprachphilosophischen Dimension, dass hier im Lager, in der Erscheinung des Muselmanns sich zeigt, dass umgekehrt der Nicht-Mensch den Menschen *bezeugt*,[8] da der Sprechende als sein Unwissen seinem lebenden Zeugnis als dem Nicht-Sprechenden gegenübersteht.

Und aus diesem Grund ist dieser Zeuge trotz seiner Zentralität als lebendes vollkommenes Zeugnis auch unter den Häftlingen verloren gegangen, die sich von ihm abwandten, da er – ohne von ihm noch etwas Nützliches lernen zu können, weil ihm die Gründe selbst egal geworden waren, und sogar der Schmerz, wenn man ihn schlug[9] –, dem Tod unter allen Häftlingen am nächsten stand, selbst unter denen, die vor ihm getötet wurden, und der gleichzeitig als Nicht-mehr-Mensch und damit in Gestalt einer Drohung bezeugt, was ein Mensch ist...

Dies muss vorerst genügen als ein vereinfachtes Exzerpt, da hier kuratorisch eine Sammlung erstellt, das heißt, ein Kunstwerk als Beispiel herangezogen werden soll, das das Problem absoluter Zeugenschaft aufgreift, indem es von der Rückseite auf diese Geschehnisse schaut, im Spektrum der Erinnerungskultur, und sich technisch genau dieser Frage stellt, was absolute Zeugenschaft sein kann – nicht die des Menschen, sondern die des Orts –, sodass

Oscar Lebeck, *Fundament*, 2019

eine mögliche Engführung von Trost und Ökologie vielleicht hier ansetzen kann.

Wenn man die Natur nun in einem differenziellen Sinne an zwei Punkten gleichzeitig berührt, dann ließe sich sagen, dass sie, neben den konkreten Orten, an denen geschichtliche Ereignisse gegenständlich wieder zerfallen, Ruinen werden, in sie, die Natur, übergehen (so wie sie auch von der Geschichte überschrieben werden), stets auch als eine Dimension ihrer aktiven Unfähigkeit präsent ist, als absoluter Zeuge zu bezeugen, was in ihr geschehen ist.

Ein Beispiel dafür wären jene berühmten »Bilder trotz allem«, von denen Didi-Huberman schreibt, die in Auschwitz aus der Deckung der Gaskammer heraus von Häftlingen des Sonderkommandos mit einer hineingeschmuggelten Kamera gemacht wurden.

Was haben die Bäume gesehen, die Waldkante, die dunklen Baumkronen auf diesen verrissenen Fotos, die *es* bezeugen sollten, und die doch fast nur Natur festgehalten haben; und auch wenn Menschen auf ihnen zu sehen sind, unterwegs zu ihrer Ermordung, so doch mit der gleichen das Zeugnis scheinbar entwertenden Undatiertheit der umgebenden Natur selbst, wenn man sie zwingt, Zeuge zu sein, für ihre Referenzialität körperlich einzustehen, entkleidet in einem Wald, gesichterlos und schemenhaft?

Was den Zeugniswert dieser Bilder im anschließenden Nachkriegsdiskurs so sehr in Frage gestellt hat, ist dabei ironischerweise gerade ihr erweiterter Zeugniswert, dass sie nämlich in der Unschärfe, die sich auch auf die Natur vor der Szenerie dieses Schreckens überträgt, zugleich ein

Wissen festhalten. Oder andersherum formuliert: Da sich in *ihm*, dem Zeugnis, angesprochen wie mit einem Schrei, der Abgrund der Zeugenschaft selbst ins Auge schaut, ergibt sich hier gerade durch das, was das Zeugnis stört, eine Steigerung in dessen unermessliche Dimension.

Ist nun der absolute Zeuge bei Agamben ein Kulminationspunkt, wo die »Lücke« im Zeugnis zum Körper einer Leerstelle wird, wohingegen das Subjekt eines »jeden« permanent um eine *körperlose* Leerstelle kreist, sich performativ erst aus der Negativität des Nicht-Sprechens heraus konstituieren muss –, lässt sich dann diese viel grundlegendere Problematik der Zeugenschaft nicht auch auf den Maximalhorizont der Natur ausweiten, die »Natur« als diese »Lücke«?

Die Natur ist als größter Zusammenhang, *vor* dem und *in* dem alles stattfindet, und der doch als kulturelle Konstruktion in einem Nahbereich um uns gerundet ist, in den wir gegenständlich eingefasst sind, selbst *kein* Gegenstand (und dies ironischer Weise gerade als ein Effekt unserer gegenständlichen Tätlichkeit gegen sie). Sie ist eine Körper gewordene »Lücke« von Körpern, die allesamt je *nicht* um das kreisen, was wir »Natur« nennen, so wie sie allesamt auch als Nachgeborene älter sind als die »Natur«, als die wir sie lesen. Doch lesen wir sie im Anspruch einer Leerstelle, die uns konstituiert (gefährlich), die sich jedoch, vor allem im Ausnahmezustand als die Latenz einer unmöglichen Zeugenschaft zugleich adressierbar macht (Haltevermögen). Die Natur hat alles gesehen, zugleich aber bezeugt sie als nicht-sprechend konstituierter Horizont nichts. Sie *ist* ihr Zeugnis und sie ist *ihr* Zeugnis, und insofern, in diesem hier beschriebenen Sinne, nämlich körperlich mit dem Bezeugten in eins zu fallen, ein absoluter Zeuge.

Hier muss man natürlich vorsichtig sein. Denn weder ist damit das »griffige« Festhalten an der Natur gemeint, etwa als tausendjähriger Baum, der so viele Dinge und Generationen hat kommen und gehen sehen, die er dann schweigend in die Spirale seiner Jahresringe eingedreht hat und dort alles an sich hält – alles Nutzlose und Vergebliche –, der somit in die Sprache eingebettet ist als der Schweigende, der im Mit-leben das Leben und im Stillhalten das Handeln als sprachlichen Akt durchhaltender Verweigerung mit einem Kommentar versehen hat, der dem Subjekt doch gleicht. Noch soll damit andererseits die Singularität der Shoah angetastet oder gesagt werden, dass unser kolonialer Zugriff auf die Natur und der »*Tierholocaust*« der Industrie eine Struktur der Zerstörung lediglich wiederholen, die sich in den Lagern abgespielt hat, oder umgekehrt, eine Struktur aufweisen, die im Lager kulminiert ist.

Gerade dass sie beides gleichzeitig ist, ein ungegenständlicher Horizont der »Gegenstände«, schützt sie, die Struktur, die wir Natur nennen, vor dieser Art Gleichsetzung. Sie ist nicht die Tat, obwohl sich die Taten in ihr abspielen, sondern als Zeuge, insofern sie den Menschen als Nicht-Mensch bezeugt und gerade deswegen schweigt, die Möglichkeit, das heißt der auf uns schauende Möglichkeitshorizont, die Tat *nicht* zu begehen, gerade durch ihr Schweigen, das in unserer Sprache auftritt.

In diesem Sinne sind auch die kurzlebigen Lebewesen die viel älteren, die, die in den Intervallen menschlicher Lebensdauer fast ein Flirren ihres eigenen Kommens und Gehens erzeugen, uns Lebenssicherheit geben, und doch auch gerade dann da sein werden, wenn wir gehen. Die Blätter, die wir haben fallen sehen, die zuverlässig zurückkommen, sich nun aber nicht mehr als das jahreszeitliche Umblättern im Buch unserer Subjektgeschichte erweisen, wenn wir sie aus dem Fenster eines Krankenhauses sehen, ebenso die Nachtigall, wenn ein Krieg ausbricht, die Eintagsfliege, die den Tag unseres Todes überlebt und die die ganze Zeit mitanwesende Tiefsee, die doch kein inneres Organ ist, nur weil ihr das Licht fehlt.

So sind die massive Bergfront, die *Entanglement*-Tiere, die nicht nur zeitlich, sondern auch physiognomisch als Gesichtsmaske Zeitwesen unseres Subjekts sind, der Geröllhirsch, die weise Schildkröte und der tausendjährige Baum viel sterblicher, eben weil sie unser Subjekt manifestieren, und uns durch Verlängerung unserer vorgemacht aufgeschobenen Sterblichkeit ablenken von der Zeugenschaft der Natur, so wie auch die konkreten Erinnerungsorte, je mehr man sie aus dem Leben und dem Vergessen herausschält, zu einer Sonderzone der Zeit macht, indem man sich auf ihre Gegenständlichkeit kapriziert, sich deutlicher noch als zuvor in die Trostlosigkeit des Vergessens einschreiben.

Insofern ist der Holocaust im Angesicht dieser Zeugenschaft in dem Sinne eine Singularität, als er die Struktur, die in ihm kulminiert, daran hindert, sich selbst zum leeren Gegenstand zu machen, den Schmerz in ihrer Selbstthematisierung wieder zu verschließen. So braucht es, auch in der spiegelverkehrten Herangehensweise, von der Rückseite der Geschichte, ein doppeltes Festhalten an der Natur, wenn es um das Bezeugen des Menschen geht.

Und hier setzen als Beispiel die Fotoarbeiten von Oscar Lebeck an, die mit Doppelbelichtungen arbeiten, die die Ruinen und Fundamente von Originalschauplätzen der Lager mit Studioaufnahmen von Glaskuben montieren, die wiederum den Grundrissen der auf den Fotos abgebildeten fehlenden Gebäude angepasst sind.

Durch diese Technik aber entsteht, auch wenn sie in unserer computergeschulten und damit entschulten Fiktionalität den Impuls zu dieser Bereitschaft setzt, gerade *nicht* der Effekt, dass ein zusätzlich eingeblendeter »Geist« der Repräsentation geschaffen wird, eine Simulation, die den Ort rekonstruiert, oder umgekehrt ein Geist der Erinnerung als Strukturgespenst in einem abwesenden Feld sichtbar gemacht wird, als die gläsern leere Strukturstelle einer Architektur der Abwesenheit. Viel wichtiger als die funktionale Erschaffung von »Räumen« im Sinne von umschlossenen Körpern, das heißt nach »innen« gerichteten (und damit der Subjektstruktur angepassten) Gefäßen, die sagen: »Hier war es und ist nicht mehr ...«, ist eine viel größere operative Bewegung in der Landschaft drumherum, eine Art Arbeit an den Außenkategorien.

Dies wird möglich durch eine Dimension kontrollierter »Verfälschung« beider übereinandergelegter Gegenstandswelten, indem die Glaskästen, die als Studioaufnahme ebenso real und analog (naturzugehörig) sind wie der Ort des Lagers in der Landschaft, verunreinigt werden, sodass sich das Licht im Atelier in ihnen spiegelt, und das aufgenommene Bild der Kuben diese unscheinbar »verdreckte« Spiegelung nun als »reine«, das heißt kategoriale Spiegelungsfähigkeit in die Landschaft hineinträgt.

Und eben an diesen Glaskuben spiegelt sich, nun aber ebenso »ungriffig«, die Landschaft in dem Geschehen, das sich in ihr zugetragen hat. Gerade in dieser kräftemäßig vernachlässigbaren Operation gelingt eine Art landschaftlicher Genickbruch, eine Neuordnung der Achsen des Zeugnisses um diese Objekte herum. Die Landschaft, die als absoluter Zeuge gewöhnlich auf diese Räume »nur« leer hinausschaut, schaut in dieser angedeuteten Spiegelung aus ihnen zugleich hinaus, in ihr eigenes Gesicht des nicht-menschlichen Schweigens, das ein Schweigen ist, weil es in der menschlichen Sprache vorkommt.

Eigentlich eine stumme Zeugin, erinnert sie sich, indem sie in einen abwesenden Raum eingreift und spricht, ohne aber in den Vergegenständlichungscharakter der Sprache, aus dem sie zusammengesetzt ist, zurückzufallen. Diese Integration in den Ort der »Überfokussierung« (in das Innere des Gedächtnisses) als ein zuvor loser und selbstreferenzieller Kontext von »Natur« (außen) ist eine unheimliche Kraft, es genau so in der Schwebe zu halten, das Schweigen der Bäume zu brechen, ohne den Baum zugleich als Singularität weder einzufordern noch abzulösen.

Was dieses technische Verfahren als ein doppeltes Festhalten an der Natur in Bezug auf die Shoah tun kann, ist nichts Geringeres, als statt den Ort wie ein Denkmal (oder einen »*lieu de mémoire*«) zu gestalten, das Problem des Erinnerns selbst zu einem Ort zu machen.

Es zeigt sich darin die Anstrengung (mit) einer Paradoxie, die uns vielleicht auch weiterhin nicht erspart bleibt: Die »Natur« zu zwingen, sich ihrerseits in ihre Widerlegung aktiv einbeziehen zu lassen. Ihn sich vom

Leib zu halten, diesen gefährlichen Begriff, doch in Form, nicht seiner Weglassung, sondern seiner Anwesenheit, die uns so viel Anstrengung abverlangt, die Anstrengung unserer eigenen Widersprüchlichkeit. Sie, die »Natur« (pronominal adressierbar), zu zwingen, als Zeugin auf das zurückzuschauen, als was sich der Mensch, der sie in seiner Selbstbeschreibung missbraucht, vor ihr darstellt.

Das kann kein Innenraum! Auch nicht der Weltinnenraum aller besser gedachten und von grundlegend spaltenden Reflexionsprozessen befreiten Verstrickungen des Lebens untereinander.

Dieser erst auf einem Gegenbeweis beruhende Beweis, dass wir bezeugt werden, von einer »Natur«, die doch uns, weil wir es sind, die sie so sehen, bezeugt ... Dass es falsch ist, und wieder falsch sein kann, was wir mit ihm und in seinem Namen tun, wer soll das zurückmelden, wenn nicht der falsche Begriff selbst, solange er seinerseits noch sphärisch ermittelbar ist?

Eine Engführung von Trost und Ökologie bedeutet, dass die Art, sich als der bezeugte Mensch am absoluten Zeugen der Natur festzuhalten, nur möglich ist, durch ein Festhalten der Natur ihrerseits. Auch wenn es notwendig erscheint, in ihr, als der Struktur der Zerstörung, eine antikoloniale De-Naturalisierung vornehmen zu müssen, das heißt, im verständlichen Hass auf die Zerstörung gerade diesen Horizont, der in die Lager kulminiert, zuallererst aufzulösen, ist durch ihre horizonthafte und horizonthaft schweigende Zeugenschaft zugleich erst der Möglichkeitsraum eröffnet, sie, und alles, was in ihr vorkommt, anders als schlecht zu behandeln.

Nachtrag:

Wichtiger als die Frage der Machbarkeit, diese Deutung einer menschlichen Situation als Zeugenschaftsproblematik auf ein Konzept der Natur zu übertragen, ist die der Legitimität: Ist es in irgendeiner Weise vertretbar, Menschen, die systematisch und millionenfach einem perversen Naturbild zum Opfer gefallen sind, in eine Verbindung mit dem Erinnerungsvermögen eines unbegrifflich gedachten Naturhorizonts zu bringen, der uns bezeugt? Auschwitz in einem Buch über »Natur«?

Es gleicht einer Bewährungsprobe. Doch nicht nur in der Hinsicht, dass das hier vertretene Naturbild der Rolle der Natur, wie sie dort zur Anwendung kam, gewachsen sein muss – das sich auf sie berufende Verbrechen mitdenken können muss, um legitim zu sein –, sondern auch insofern Bewährungsprobe, als dass die Natur als »Natur« selbst nicht einfach nur eine Konstruktion unter anderen ist, sondern die Gelenkstelle zur Produktion von *Andersheit schlechthin*, die sich bereits schuldig zu machen scheint, wo sie strukturell operiert und noch nichts von Geschichte weiß, und wie unschuldig dasteht, wo sie in diesem *Verbrechen schlechthin* historisch wird.

Setzt Didi-Hubermann, der seinerseits einen Vergleich zwischen Agambens Überlegungen zur Lücke der Zeugenschaft und diesen »Bildern trotz allem« zieht,[10] bei ihrer Betrachtung eine doppelte Voraussetzung an, nämlich die »*Notwendigkeit einer Annäherung ohne Vereinnahmung*« bei der »*Einbildungskraft* [...] *nicht gleichbedeutend mit Identifikation und weniger noch mit Halluzination* [ist, sowie] *Annäherung* [...] *nicht Aneignung* [bedeutet]«,[11] dann ähnelt dies nicht nur im Sinne einer Strategie dem hier gesuchten wechselseitigen Festhalten eines uns bezeugenden Naturhorizonts. Vielmehr besteht die Parallele darin, in diesem Zeugnis zu erkennen, dass wir uns nicht einfach nur *vor* seinem Gegenstand bewähren, sondern viel tiefer noch, zur Bewährung sogar in ihm strategisch rückversichern müssen, nämlich die Differenzialität der Natur als »Natur« permanent in zwei Richtungen zu verteidigen, gegen die erneute Tierwerdung der »Natur« (die doch uns bezeugt, weil wir es sind, die sie so sehen) und gegen ihren Essentialismus.

Das Zeugnis – angesprochen wie mit einem Schrei, das dem Abgrund der Zeugenschaft selbst ins Auge schaut, lässt die Ironie zu, dass es die Natur als »Natur« nur selbst sein kann, die uns vor ihrem Missbrauch schützt. Und mit ebensolcher Ironie: dass die im Naturbegriff befindliche Gelenkstelle zur Produktion von *Andersheit schlechthin* nicht durch Weglassung überwunden werden kann (das Andere zur Andersheit, damit das Diverse endlich divers sein kann und die Tiere endlich bei uns), weil dies hieße, den durch ihn erst möglichen Wissensvorsprung, der Vergegenständlichung permanent und auch als Bewährung *vor* diesem Zeugnis entgegenwirken zu müssen, zu einem Gegenstand zu machen – einem besseren Tier der Struktur.

Die Notwendigkeit einer Entpflichtung, die Natur inhaltlich beim Wort zu nehmen, muss und darf daher nicht einhergehen mit der Preisgabe jenes unserer kollektiven Vorstellungsräume, der uns bei seiner Überschreibung mit menschlichen Handlungen zugleich Einhalt gebietet, selbst wenn er, paradox wie es ist, seinerseits auf solchen beruht.

Vielmehr geht es darum, den Raum auch von der Rückseite seiner Paradoxie, als das Angebot der Fraglichhaltung seiner Angebote selbst zu verstehen, solange er operativ ist, in seinen inhaltlichen Angeboten radikal unverfügbar gehalten wird.

Und dort sind es gerade die Tiere und Pflanzen selbst, die ihrerseits uns beschützen, eben weil sie nicht passen, nicht in unseren Begriff (dass uns das Tier je für sich schon den Begriff entzieht, ist wahrscheinlich der am wenigsten anthropomorphe Satz einer von uns aus gesehenen Tierhandlung).

Gerade das Scheitern am Begriff sollte daher noch vor den Tieren unter Naturschutz stehen – ein Begriffsschutz gerade des zum Scheitern verurteilten Begriffs, doch ebenso affirmativ: Denn den Naturbegriff zu überspringen, ist nur eine der möglichen Varianten, ihm inhaltlich auf den Leim zu gehen. Es springt der Mensch doch nur ins Tier, wenn wir erst bei den Schimpans*innen sind. Je aktiver wir uns (als) das Tier dabei denken, desto passiver ist dieser Übertrag.

Die linke Textstrategie, im Sinne eines ganzen Arsenals, hebt sich, wenn sie so weitermacht, selbst aus den Angeln, ausgerechnet dort, wo sie in der Unbegrifflichkeit ihrer methodischen Ursprünge verankert ist. Eine Schwingtür in den Wolken, die umso unangemessener erscheint, je ernster der Zustand der Natur ist, und umso dringlicher als Notausgang parat stehen muss, wenn sich die »Natur« in ihrer motivischen Einlösung wahrmacht.

Dabei wird nicht nur eine Grenze überschritten (im Sinne eines inflationär werdenden Faschismusvorwurfs, was seinerseits eine Gefahr darstellt, weil in diese Lücke bereits andere springen, nicht zuletzt in Form seiner faschistischen Aneignung), sondern viel schlimmer noch, es verschwindet das Werkzeug selbst. Nicht das »Linkssein« steht auf dem Spiel (als eine Sammlung von Grundsätzen und Standpunkten), sondern die technische Möglichkeit dazu, die sich ihm selbst entzieht (und sich stattdessen inflationär kodifizieren muss).

So heißt Antifaschismus auch, auf dieser Rückseite der Paradoxie, die Wunde der Differenz ebenso offen zu halten, die sich zwischen Begriff und Tier ergibt. Auch wenn sich der Begriff ausgerechnet als der Wissensvorsprung seines Scheiterns manifestieren will, gleicht der Glaube, ihn dann gleich ganz abschaffen zu können, der Vergeblichkeit, das Licht festzuhalten, wenn man den Stecker zieht. Es bedeutet, zu vergessen, dass Strukturalität ihrerseits nur das positive Gesicht des Scheiterns am Begriff ist, weil sie, gerade hier, an dieser zentralen Stelle der Natur als »Natur«, selbst nicht auf eigenen Beinen stehen kann, solange sie ihre Grundsätze wahrt.

Konkreter: So wenig wie das Binäre eine Essenz der »Natur« ist, so sehr hat umgekehrt das Diverse mit ihr gemeinsam, zuallererst eine Technik zu sein, sich für die Produktion von Andersheit offen zu halten, die uns nie durch ihre körperliche Einlösung (auch nicht durch ihre vorgeblich performative, solange man selbst noch Körper ist) von der Aufgabe befreien kann, darüber wachsam zu sein.

Der Raum, der uns, weil wir es sind, die ihn so sehen, erlaubt, von außen auf uns zu schauen, ist die in seiner Diversität selbst veräußerlichte Gelegenheit, ihn im Zweifel seiner Ironie zu überstellen. Und von dieser Seite her, der seiner Ironieermöglichung, ist an den Naturbegriff auch der der Würde gekoppelt: Ein unbegrifflicher Begriff von Leben, der zugleich in einem widerspenstigen (autoimmunen) Sinne *voller* Leben ist.

Worin anders sollte dieser erst auf einem Gegenbeweis beruhende Beweis, dass wir in unseren Irrtümern bezeugt werden, und von dort aus hoffen dürfen, noch fußen, wenn nicht zuallererst und zuallerletzt in einem *Un*ort, der gerade durch seine Unerreichbarkeit das Versprechen einhält, dass es ihn gibt?

---

[1] Vgl. Primo Levi: *Ist das ein Mensch?, Die Atempause*, übers. v. Heinz Riedt, München: Carl Hanser Verlag, 1988, S. 95.
[2] Ebd., S. 96.
[3] Ebd.
[4] Giorgio Agamben: *Was von Auschwitz bleibt. Das Archiv und der Zeuge (Homo Sacer III)*, übers. v. Stefan Monhardt, Berlin: Suhrkamp, 2017, S. 72.
[5] Vgl. ebd., S. 29.
[6] Ebd., S. 108.
[7] Ebd., S. 116.
[8] Vgl. ebd., S. 105.
[9] Vgl. ebd., S. 36.
[10] Georges Didi-Hubermann: *Bilder trotz allem*, übers. v. Peter Geimer, München: Wilhelm Fink Verlag, 2007, vgl., S. 63.
[11] Ebd., S. 130.

Die beiden Einzeltitel der abgebildeten Fotoarbeiten aus der Reihe *Fundament* von Oscar Lebeck lauten: *Nordhausen*, 2020 und *Groß-Rosen*, 2020.

Mark Belorusets, Kyiv, 2022. Foto: d. A.

2 – Über die Dächer abwärts

Dieser Abschnitt handelt vom doppelten Festhalten an der Natur, indem er noch einmal wohlwollend ein Unvermögen darstellt, diesmal mein eigenes, mein Unvermögen also, mich an der Natur festzuhalten, das herhalten muss, als Kontrast zu einem Vermögen. Ob nun ein spontanes oder auf langjähriger Übung beruhendes Vermögen, bleibt unentschieden, aber es gibt ein Foto davon.

Was sich dort sichtbar macht, auf diesem am 26. Februar 2022 in Kyiv entstandenen Bild, ist die nicht hörbare Ausstrahlungskraft von Sirenen in Gestalt einer im Innern des Raums weiterstrahlenden Arbeitslampe, fast eine synästhetische Übertönung der ungeheuerlichen Geschehnisse auf der anderen Seite der dunklen Fensterscheibe, überlagert von Licht, dass sich weniger dagegenzustellen scheint als vielmehr unverdrossen in die gleiche Richtung zu leuchten, in der auch der Betrachter steht, die Sirenen hört, das Licht sieht.

Eigentlich müsste ich noch genauer sagen, da das Licht die Sirenen zwar übertönt, er, der Betrachter aber Angst hat, steht er auf der Schwelle, sichtbar im Fenster, und sieht die vom Licht übertönten Sirenen, eben durch eine Drehbewegung, auf die andere Seite der Scheibe versetzt, indem er das Licht hört.

»Bitte tu mir den Gefallen, wenn du Zeit hast, *setzen Sie sich* zu mir …«, mit rollendem *R*, »… vor allem in dieser Zeit. Es ist mein Schnaps, wenn du verstehst.«

Am Tisch, wie in ein Kerngehäuse in die Arbeit vertieft, in seine tägliche Übersetzung, mein Freund Mark Belorusets, Dissident, Ingenieur aus der Sowjetzeit, Jude und vor allem ein Ki*ew*er, und in der Ukraine einer der großen Übersetzer deutschsprachiger Lyrik ins Russische, ein Verehrer Celans, und ja, ins Russische, und ja, in der Ukraine, einem zweisprachigen Land.

Alle zwei Stunden heulen dort den dritten Tag schon die Sirenen, die, anders als die tatsächlichen Einschläge im Stadtgebiet, die in der Ferne zu hören sind, mal näher mal weiter, die das Geschehen punktieren, vor dessen Unmittelbarkeit wiederum sie, die Sirenen, warnen, die doch aber anders als jene einen Zustand verkünden, gehören sie doch zu *uns*, zur Seite der Beschossenen, und dies nicht nur ihrer eigenen Ausgedehntheit wegen, sondern ob des Munchschen Eindrehvermögens aller nicht stumpfen Gegenstände der Lebenswirklichkeit in diesen Ton, hier aber vom mutig strahlenden Licht der Arbeitslampe des Übersetzers zurückgebogen, übertönt.

»Es gibt so etwas wie Schicksal«, hieß es beim Abendbrot, beim sogenannten, warum wir also nicht gemeinsam in den Bunker gehen. Das war nur so eine Frage.

Und war es am Tag zuvor, am gleichen, oder am Tag danach, ungewiss, hat sich doch all das mit höchster Präzision und daher eben unkalendarisch eingebrannt, sogar eine loriothafte Szene, nämlich, wie folgt:

Die *Bitte* am Tisch, doch den Krieg für einen Moment mal auszuschalten, das Radio, das den ganzen Tag schrill aus dem Handy kommt, die Meldungen aus allen Richtungen, für einen Moment mal aus-, die Telefonate, die aus allen Ländern eintreffen, doch für einen Moment mal *ein*zustellen, nur eine Viertelstunde, mehr nicht, um einfach hier sitzend zu essen, die Gehör fand, um im gleichen Moment, bzw. mit Absicht, verzögert, nach ein paar

Sekunden Stille, für die plötzlich wieder einsetzenden Sirenen Platz zu machen. »Sirenen!«, sagt der Betrachter.

»Sie reden?«, mit rollendem *R*. Der Übersetzer greift nach seinem Hörgerät, das eine Rückkopplung macht, wenn er es mit verkniffenem Gesicht umständlich hinter dem Ohr befestigt, während das Gespräch schon weitergeht. »Nein, Mark, Sirenen« – spricht der Betrachter doch in einem ihm oft nicht zugänglichen Frequenzbereich.

– »Sie gehen?«

Und der Betrachter lässt seinen Löffel in die Suppe zurücksinken, nun aber, so laut er kann, doch ohne schon zu schreien: »Die Sirene, der Alarm, der Fliegeralarm, die Sirenen heulen wieder.« »Ach so! Na dann sollen sie.«, und die Frau des Übersetzers, meine Freundin Ala, Dissidentin und studierte Physikerin aus der Sowjetzeit, Jüdin und vor allem eine Ki*e*werin und Theaterregisseurin, eilt zu uns in die Küche, war sie doch wieder aufgestanden, denn Radio und Telefon ließen sich nicht ausstellen, nur ins hintere Zimmer schaffen, und schimpft nun: »Hör auf, uns verrückt zu machen, reiß dich zusammen!« So oder ähnlich. »Uns wird nichts passieren. Все будет хорошо!«

Es gibt so etwas wie Schicksal. Umrühren der Suppe, Einrühren von Sahne, Einrühren in die Sirene, Schweigen. Das Übertönen entgeht dem Betrachter nicht, weswegen er das Foto macht, doch wenn man Übertönen sagt, hört man doch zwei Töne. Es war wohl doch derselbe Tag.

Die ganze antifaschistische Bildung, das zerschossene Weltbild, alles nur noch Struktur. Der Übersetzer sitzt in einem Kerngehäuse seiner Arbeit, die Lampe strahlt, und von der Schwelle aus sind es nur wenige Meter. Probier es doch, geh wie sonst auch immer, geh und entsprich, geh über das dünne Eis, das in der unzerplatzten Fensterscheibe noch aufrecht steht, setz dich unter das Licht, das Fenster und Türrahmen als Querbalken stabilisiert, Gedichte zu besprechen, mit grünem Tee, wie sonst auch, vorbei am Klavier, vorbei an den geschenkten Keramiken aus Israel, vorbei an einem Blickkontakt mit Celan, schwarzweiß in der Vitrine, in jungen Jahren. Kerngehäuse, Kerngehäuse.

Es kommt ein eigenes Gedicht in den Sinn: *Aus der Arbeit gerissen / fanden sie ihn am Boden liegend / ein Stück Apfel / materialgleich mit den letzten Gedanken*... Wird es hier nicht furchtbar knallen heute oder in wenigen Tagen? Es galt dem Betrachter, *obwohl er nie Apfel aß und es sonst im Raum / still war.* Sind nicht Männer im Hof, die sich verschanzen? Warum haben wir die Fenster nicht verklebt? Die Splitter, direkt über dem Bett.

Und war es nicht gerade heute, auf dem Balkon, das heißt beim Rauchen, geduckt und mit dem Rücken angelehnt ins Innere der Balustrade, auch so eine Eindrehbewegung, dass eine Detonation so nah gewesen ist, dass sie nicht nur zu hören, sondern schon als Druckwelle zu spüren war? Und hat nicht die Sonne in diesem Moment, die so seltene Sonne im Februar, dabei auf einen Korb mit Äpfeln geschienen, die nun, so eingedreht, wie von der Rückseite her zu sehen waren, sie erweckt, solchermaßen, dass sie schon Teil einer bevorstehenden Belagerung waren, also für immer entrückt, *ein Gedankenkorb voller Äpfel / die sich nicht ausschütten lassen?* Gerade weil nichts mehr nur sich gehört, ist alles unberührbar.

In der Küche läuft wieder das Radio. Anrufe treffen

ein. Obskure Nachrichten. Es kursiert die Geschichte, das zwei Frauen mit ihren Kindern panikartig aus der Stadt gefahren waren, wie so unglaublich viele andere, dass die Stadt halb leer, fast alle Autos verschwunden sind, sie aber, in eine ungünstige Richtung, zu weit nördlich, wo sie dann auf Fallschirmjäger trafen – es hätte auch gut gehen können –, aber, an sich eine Dummheit, erschossen wurden, mit den Kindern. Hinter der Schwelle.

März
Die grauen Kühe trotten
über die Dächer abwärts,

»Ilse Aichinger ...« diesmal mit fast fauchendem *R*. »Komm setz dich, schön, dass du kommst, *nehmen Sie sich* den Stuhl. Ich verstehe etwas nicht:«

mit den Gräbern halten
die Baumschatten Schritt,

»Wie verstehst du das?« Wie verstehe ich das? »Ja.«, mechanisch. »Ich glaube, es ist der Winkel des Sonnenlichts. Der Einfallwinkel des Lichts, verstehst du, der alles gemeinsam trifft, die Natur *und* die Toten, die aus ihr herausgefallen sind, oder in sie hinein, verstehst du. Eine gemeinsame Drehbewegung, wie bei einer Sonnenuhr ..., die Schatten, die sich gemeinsam bewegen, von Bäumen und den Gräbern, aber nicht die Schatten der Gräber, so steht es hier nicht, sondern die Gräber selbst, sie brauchen keinen Schatten, um voranzueilen, um ein Schatten zu sein, oder, andere Möglichkeit, sie sind die Baumschatten.«

– »Die Gräber sind die Baumschatten?« Der Monitor flimmert. Es folgt Stille, noch schwerer zu ertragen. Es werden verschiedene russische Wörter vorgeschlagen. Die

Tischkante, obwohl sie so niedrig ist, dass man sich gut an ihr festhalten könnte, wirkt wie eine zu hohe Kante eines Tresens, ein Teilnahmetresen.

die zerfetzten Sonnenspuren.
Die Frauen an den Fenstern
geben ein,
es regnet jetzt bald,

So sitzt der Betrachter, so war es doch die Bitte, eine Viertelstunde, nun mit in der Zone des übertönenden Lichts. Dieser Neid auf die Dinge, der Neid darauf, ein Buch zu sein, nicht Schriftsteller, nicht Übersetzer, nicht Betrachter, sondern das Buch selbst, oder von mir aus ein Schrank, auch nicht der Schrank, in dem man sich versteckt, sollte jemand bald, vielleicht nächste Woche schon die Tür eintreten, sondern einfach nur der Schrank, etwas zu sein, das daliegt oder steht, und in dieser Situation nichts tun muss, die Stapel von Notizen und Büchern auf dem Schreibtisch, das Kerngehäuse.

unser Einverständnis
ist immer vorausgesetzt.

»Was soll das heißen? *Die Frauen geben ein*? Sie geben etwas oder sich selbst ein? Und überhaupt, sie geben ein oder geben etwas an?«

»Das ist wirklich schwierig. Eigentlich ist Eingabe eine Vision, also etwas, dass zu ihnen kommt.«

Wo wird es wohl sein, der erste Kontakt? Wie wird es sein? Auf der Straße, im Luftschutzkeller unter dem Kinderkrankenhaus, wo es hieß, bei uns sitzt ein Deutscher mit im Keller, und alle lachen mussten? In der Wohnung... das wäre sehr unangenehm. »... weil sie ja aus dem Fenster sehen, sie von etwas überkommen werden, ihrer Intuition, es wird kommen, sie sehen das im Bild, mit dem Blick des Fensters, zu dem sie zugleich gehören, weil sie schon immer in den Dörfern dort stehen und aus dem Fenster sehen.«

Etwas ist unterwegs, wie in einem Tunnelsystem, in dunklen Räumen und Gängen, es meint dich nicht, wahrscheinlich, aber wenn es dich trifft, wird es dich töten.

»Aber hier ist es umgekehrt, sie geben das, was sie sehen, in die Welt ein, verstehst du, die Welt hat die Vision, die sie ihr eingeben. Weil sie fest zum Fenster gehören, mit ihm wie in einem Holzschnittrahmen verwachsen sind, verstehst du? Weil sie es spüren, wird es regnen, es tauscht die Rollen, ihre Vision, dass es regnet, aus den Wolken, die wie Kühe über das Dach laufen, durch die es dann tatsächlich regnet«.

unser Einverständnis
ist immer vorausgesetzt.

Mark kennt die Dächer, das Laufen ist wichtig, die Häuser, noch vor drei Wochen waren wir spazieren, er hustet, zuerst war es Corona, den ganzen Januar, dort das Haus des KGB, das Ehemalige, die Vorladungen, nun hustet er Blut, ohne einen erkennbaren Grund, sie konnten einen einfach einladen, dann musste man einen Passierschein auf der anderen Straßenseite holen und hinüber in das Haupthaus gehen, wo man von einem zuständigen Sachbearbeiter abgeholt wurde, der dann vielleicht nur fragte, wie es einem gehe, im Büro sogar eine Zigarette anbot, geschlagen wurde er erst in der Wohnung, nur einmal.

Das größte Problem aber, in diesem Moment, hinter dem Schwarzschildradius der Geschichte, wo alles nur noch Struktur ist, das Festhaltevermögen des Betrachters, das Wissen, diese verästelten Familiengeschichten, das Leid hinauf in den Stammbaum, die Pogrome, das Landleben, in das der Übersetzer nie mehr zurück will, die Kutsche, die vor über hundert Jahren einen Bräutigam abholen sollte, und die ganze Kutschgesellschaft mit dem Bräutigam tot ankam, von den Pferden tot auf die Hochzeit gezogen, wie übersetzt man, das größte Problem, wenn es doch im Russischen zwei verschiedene Präpositionen sind, und im Deutschen nur eine,

Die grauen Kühe trotten
über die Dächer abwärts,

Mit rollendem R: »Sind die Kühe also, das heißt, befinden sie sich höher als die Dächer – oder sind sie schon auf den Dächern?«

Aus genau dieser Frage heraus verabschiedet sich der unvermögende Betrachter für eine weitere Nacht im Bunker.

Das Gedicht *März* von Ilse Aichinger ist entnommen aus: Ilse Aichinger: *verschenkter Rat*. Frankfurt/Main: S. Fischer, 1978, S. 64.

Mark Belorusets, Kyiv, 2022

> »Seit wann bist du hier?« –»Seitdem ich aus dem
> Grabe gekommen bin?« »Warst du schon einmal
> gestorben?« –»Wie könnt' ich denn leben?« (Novalis)

3 – Anabasis

Mit einer Kraft, ähnlich der, die beim Rückfluss der Wellen ins Spiel kommt, mit der sie ihre über sie hinwegrollenden Nachfolger als Vorgänger zurück ins Meer ziehen, sie einsaugen, die Sogkräfte, was es heißt, »ein Opfer« (in) der Geschichte zu sein, die stets gleich zu bleiben scheinen, und mittels derer das fragliche »*Es*« des Opfers Zuflucht in (s)eine/ihre/niemands andere Identität sucht, *Trost*, wo sich nun aber – und das wäre der Bruch und eine neue Vision des Posthumanen –, alle Materialien, über die das Wasser zurückrauscht, die Scherben und Trümmer, aus denen sich die Persönlichkeit eines geschichtlich betrachteten Menschen zusammensetzt, ebensogut auch weigern könnten, neu kombiniert zu werden, eine Verweigerung des Materials selbst. Das Zurückrauschen müsste dabei als Geräusch – wenn man im Bild der Brandung bleibt – unendlich fortdauern und den Auftürmungsversuchen neuer Wellen mit einer Sprache der Materie, gerade also mit dem Klang jener Elemente trotzen, die sich dem Formativen der Neu-Formation (dem Alten im Neuen), der Gestalt in der Ungestalt der De(kon)struktion verwehren können. Es gilt, als Material selbst die Rolle des Fluiden, die Rolle des Sprechenden zu übernehmen, um gerade also im Strukturgeschehen seiner Umwälzung – denn nur so spricht es – den Wellen schließlich die Zunge abzuschneiden.

Wäre es ein Kunstwerk, ein Videoloop, mit einer gesonderten Tonspur, müsste man dieses Geräusch des Wellenrückflusses, das Zurückrollen des Materials, die sich überschlagenden Kleinstteile, die Muschelfragmente, die Kiesel und den organischen und anorganischen Schrott, der ich selbst bin, nicht nur als Ton unendlich andauern lassen, sondern vor allem viel lauter drehen als den überbordenden Vorschlag der Neuankömmlinge, das behauptende Aufprallen des Immergleichen, das behauptete Haupt, die anbrandende und doch an den Sog geleinte Bauchlandung des Subjekts aus sich selbst heraus.

So oder ähnlich ließe sich die Vision des Neuen Materialismus vielleicht als Bild übertragen, wenn man sie auf die Krux der Identitätspolitik anwendet. Der Impuls dazu wäre die zeitgemäß gefühlte Potenz oder auch gefühlte Notwendigkeit, die sich im Wissen ergibt, dass die Formel, aus der das Subjekt als Identitätserzählung besteht, mit ihren wie auch immer gearteten Markierungen, je bereits die Möglichkeit ihrer historischen Aneignung, ihrer Fremdbestimmung und Vergegenständlichung und damit auch ihrer Unterdrückung enthält und sich damit bereits auf dem Geleitweg der Tat, die an ihr, an ihm, oder an niemands anderer Integrität des Körpers und des fraglichen »*Es*« des Opfers vollzogen wurde, befindet.

Das bedeutet nicht, wie es allzu oft geschieht, in der Eigen- und/oder Fremdwahrnehmung rückwirkend selbstverschuldet in den Kausalnexus der Tat einzutreten, sondern umgekehrt, dass die Zuflucht *in den Stoffen* der Identität bedeuten kann, von der Tat und ihren identitären Logiken in gewisser Weise wie die Wellen an die Leine genommen zu werden, wie diese eben nie ein und dieselben sind und doch ein besseres Strukturgedächtnis von sich haben als alles Feste, und sie, die Tat, damit in den Raum importieren, in den man vor ihr geflohen ist, in den Fluch- und Fluchtpunkt der Identität, der dabei stets gerade beides in einem ist. »*Im Schilf, da stehn die Stunden – wo steht das Schilf? / Es steht in deinen Augen, / die ich nicht seh.*«[1]

Überstrapaziert, auch als Satz, hieße das: Es geht, neben allen anderen möglichen Varianten, um das Material, aus dem man besteht oder bestehen will, es aber nicht aushält, oder aus dem man zu bestehen gezwungen ist, und das gerade durch seine Erzwingbarkeit unbeständig wird (Materialermüdung von Anfang an), oder an dessen Bestand man sich hingeben möchte, es *sich* jedoch nicht erlaubt, sich wohl aber das Nicht-Erlauben erlaubt, schließlich ist man auch im Sinne eines Privilegs sowohl das *Fragliche* selbst, als auch das fragliche *Selbst*; oder das Material, vor dessen Bestandsmäßigkeit man schlicht erschrickt oder sich nach all der vergangenen Zeit gerade deswegen vor ihm als dem durchgeschwitzten Hemd der »Anderen« zu ekeln beginnt, weil man selbst als »überfällig« drinsteckt; oder es geht um das Material, in das man getrieben wird, gerade, weil man sich sträubt, oder zu dem man gehört, weil man Seinesgleichen in Anderen erkannte, sich selbst aber nicht, oder in das man durch seinen Körper und seine Abstammung zwar hineingeworfen wird, ohne aber sich die Chance nehmen lassen zu wollen, seine Abstammung selbst in Empfang zu nehmen; oder um das Material, zu dem man sich verbotener Weise lustvoll hingezogen fühlt, gerade, weil es ein uneingestandenes Geheimnis ist, dazugehören zu wollen, eine dunkle Verlockung, in das Schicksal, das einem die Geschichte bereitet, selbstmörderisch einzutreten, das Material mit seiner Traurigkeit und seiner Ironie – und bei all dem geht es nun um diese spezifische Fähigkeit, sich dieses Angebot zumindest nicht von außen verfestigen zu lassen, nicht von Strukturen, nicht vom Material selbst, sondern seinen Erstarrungsversuchen zu trotzen, eine Frage also der Hoheit über dessen Konsistenz, das Unraffinierte daran zum Ziel der meisterhaften Produktion zu erklären, das Feste als Rohstoff, das Fluide der Zeichen aber als Produkt, und sich zumindest dazu, zum Äußersten, nicht hinreißen zu lassen, seine Unruhe in dieser Frage zu verlieren; »*Staying with the trouble*«.

Bei dieser Form der Verlandschaftung von Identität stellt sich daher nicht *trotzdem*, sondern *vor allem* die Frage, wie sich festhalten, woran sich also halten, um diesen ungefestigten Stand, der kein Zustand ist, zu *er*halten, denn seine eigene Zielsetzung, der Krux der Identität zu entkommen, eben weil man selbst mutig unangeschnallt ist, ist von mehreren Seiten bedroht, nicht zuletzt durch das Selbst, das man indirekt ist, wenn man »Nein« zu sich als »Ja« des Anderen sagt, d. h., von der kohäsiven Bezugnahme der Verneinung zurückgeleint wird (nicht mehr Sog, sondern saugend – because it sucks), als Leerstelle, an das, was spricht, und gerade aus der Nicht-Identität eines reinen werkzeugmäßigen »Neins« (Unterdruck) eine haftende Festigkeit macht, die das Konzept wieder kippt.

Und hier ist die Krux der Identität ein zweites Mal gekennzeichnet, da genau dieses »Nein« gleichzeitig für das fragliche »*Es*« des Opfers nicht nur sinnstiftend und heilend, sondern lebensrettend sein kann. Das Schwere am Überleben ist eben auch, das Überleben nicht als *Präposition* an den Anfang des Lebens zu stellen, das deswegen Leben ist, weil es selbst keine hat, sondern zusätzlich zum Überleben dem Überleben auch zu entkommen.

So scheint das Schwierigste daran, gerade die Kraft aufzubringen, das Wissensangebot an den Körper selbst auszuschlagen. Das authentische Wissen des »Neins«, als das »Selbst, das ich also nicht bin«, das sich der Körper des fraglichen *Es* des Opfers in seiner Selbstbetrachtung als Zeuge einzuverleiben droht. Denn was es heißt, in den Spiegel zu gucken und sich selbst zu erkennen, und zwar *nicht* als das »Nein« eines »Nicht-selbst«, und sich doch mit diesem »*nicht*« schon als »Selbst« seines Vorsprungs zu verdoppeln ... weiß nur »*Es*« selbst. Eine antinomische Routine, wie Zähneputzen: Der Wissensvorsprung, dass ich nicht das »Andere« meines Körpers bin, markiert mich als das »Andere«, der ich als Wissensvorsprung meines Körpers bin.

Werden aber die Routinen selbst antinomisch, so liegt die Kunst darin, als Antwort den Körper gerade nicht zu einer routinierten Antinomie zu verschleifen, ihn im besseren Wissen, er *sei* es nicht, doch wieder *sein* zu lassen, als sein Wissen. Und sei es auch noch so authentisch – *es* darf nicht heilen, nicht als Körper der Tat! Denn die Tiere sind es nicht. Der Körper ist es nicht. Ich bin es nicht (Wissen die Tiere von der verneinten »Natur«, die sie verkörpern sollen?).

Denn ist man immer nur das »Nein«, das sich an den falschen Angeboten negativ verstetigt, verwandelt sich die Geschichte, um die es an sich vielleicht nicht schade wäre, aber doch, da man Materialien aus ihr schöpft: in ein stehendes Becken, einen Stauraum, in dem die Materialien so, dass man zuallererst selbst an Beweglichkeit verliert, eindicken, wenn man sich stets auf den Irrtum der Anderen stützt, d. h., auf den Erstsprecher angewiesen macht und sich selbst zum Begleitfisch des Irrtums. Und wie kann man in einer postmodernen Welt so viel Naivität voraussetzen, dass sich eine entscheidende Menge Teilnehmer*innen verlässlich ungebrochen irrt?

Ist man als das fragliche und hier nur pronominale »*es*« immer nur das »Nein« einer noch so reflektierten Methode, um die Materialien daran zu hindern, man selbst zu sein, den heranbrandenden Strukturen zu trotzen – denn die Welt macht weiter, auch wenn es wehtut –, hat man ausgerechnet das operative Wesen der Verneinung von seiner Kraft abgeschnitten, da es bei weitem nicht das Nichts, sondern das Verneinte des Verneinten, und damit »da« ist, d. h., unter den gleichen sprachlichen Bedingungen der Dichotomie des Subjekts arbeitet und »*Es*« als Gegenstand in die Welt holt, wie die Anstrengung, man stelle sich keinen weißen Elefanten vor.

[Die] *Platzwunde im Wasser / hielt er nicht für Himmel / ebenso das Tier unter der Decke / das von weit her kommend / keinen Ausgang findet, das Spiel zu beenden / für nichts / was mit den Wellen im Zusammenhang stand / nicht mal für Wellen / auf seiner eigenen Haut / die Wortfindungsstörung, die sich zwischen den Booten / und der Kaimauer den Kopf zerbricht / wieder und wieder / die weder nicht spricht, noch überhört ...*

Es reicht nicht. *Es* muss in Bewegung bleiben! Gerade dann, und je mehr man verneint, muss der Ernst des

Scheitern-könnens invertiert, und gerade darin ernst zu sich selbst sein, einem technisch fröhlichen Nein nicht zu gestatten, die Erstsprecher in die Statik der eigenen Vagheit einzuschließen. Allein, damit die eigene Flucht nicht die feste Welt selbst wird – macht man sich doch sein Werkzeug kaputt, auch durch seinen stumpfen Gebrauch.

So kommt man sich in der Praxis der Pflege der eigenen Fraglichkeit, die doch aber eine Form der *Selbst*pflege bleibt, sehr politisch vor, und ist möglicherweise zugleich unbrauchbar, wenn es ernst wird, wenn sich z. B. Diktatoren selbst widerspruchsfrei widersprüchlich verhalten, ein höherer Komplexitätsgrad, der unsere Spielregeln verletzt, und im »Nein« nur noch das klassisch Moderne bleibt (eben der Stauraum), mit Kategorien des Wahnsinns und der Irrationalität: Nein, der Diktator selbst darf nicht postmodern sein, gehen wir ihm lieber zweimal auf den Leim, dass *er*, als der von uns für gestrig gehaltene, *uns* in die Moderne zurückzitiert.

Besteht doch die Kraft der Lüge mittlerweile in einer Art Rückweg, nicht mehr in ihren Aussagen, sondern darin, dass sie den Anderen zu diesem Erstsprecher *macht*, sich selbst aber, als Leerstelle, stellvertretend im »Nein«, zu dessen Opfer sie wird, als »Ja« in die Welt holt, weil sie nichts mehr inhaltlich meint. Ja, es gibt das Internet auch hinter dem Ural. Ja, alle wissen, dass sie belogen werden. Ja, alle wollen Frieden, und fahren doch als die Gedemütigten fort, setzt sich doch diese ach so inferiore Identitätspolitik als die Technik einer tieferen Wahrheit ins Recht, die Wahrheit des vermeintlichen Opfers.

Und gerade weil die Lüge in einen Raum der Gleichzeitigkeit eintritt, muss sie auch nichts verstecken, denn man kann ihr nicht nur nicht beikommen, sondern umgekehrt, wird der Sprecher – trotz der weitergeltenden Weisheit, dass die Wahrheit im Krieg das erste Opfer ist –, als unwahr verstetigt, auch *ohne* dass er zu lügen braucht, zurückzitiert, als das Subjekt des »Anderen«, einfach, indem er artig sein »Nein« aufsagt. So gibt es fast ein Völkerrecht darauf, belogen zu werden.

Was hat das nun mit Natur zu tun? Nichts Friedensstiftendes, offensichtlich, und trotzdem alles! Denn sie ist in einem sehr speziellen Sinne – nicht allein weil sie uns bekanntermaßen, oder wie es bekannt sein sollte, zeigen wird, wie knapp es ums Überleben steht, und wie sich die Ungleichheit des Knappen wiederum in den ungleichen Menschen hineinrechnen wird –, sondern auch deswegen der Kern aller zukünftigen Konflikte, weil sie der einzige nicht identitätsmäßige »Ort« ist, *es* zu lernen, doppeltes Festhalten, um dieser Krux, auch der der eigenen Identität, zu entkommen, nämlich das »Ja« im »Nein« durch den Prozess des Verneinens zu führen, ohne zu erstarren.

Und steht so nicht die engagierte Ökologie in einer ähnlichen Dringlichkeitsfalle, dass ihr ihr eigener Gegenstand zu einem zynischen Bildungsauftrag verkommt, da die Welt doch eigentlich anhalten müsste, würde man nur wissen, wie es um sie steht, und es denen, an die sich dieser primär richtet, nicht primär an Bildung fehlt?

Dabei aber ist der innere Widerspruch zwischen Selbstpflege und Dekonstruktion der Nukleus, der sich auch auf der großen Skala der Naturkrise wiederholt, jenseits aller Klassenunterschiede und des methodischen Bewusstseinsgrades, auch bei denen, die nur irgendwie klarzukommen versuchen, auf dieser Welt, und nahezu abgeschnitten von allen Ressourcen, als der zwischen Selbstpflege und Destruktion, sodass die Engführung von Trost und Ökologie gerade hier ansetzen muss.

Wie kann man das fragliche »*Es*« des Opfers sein, den Schmerz präsent halten, ohne Gegenidentität, ohne die Identität der Nicht-Identität, ohne sich dem Druck einer bloßen Bewältigung der Verletzung, eines Arrangements mit dem »Überlebenmüssen« anzupassen, wie sich umgekehrt nun auch die zerstörte Natur unserem »Überlebenmüssen« struktur-identitär anpasst, indem sie nun ohne »Natur« – denn sie ist beides, zerstört *und* dekonstruiert, d. h., als Trugschluss sich selbst zum Opfer gefallen – einfach mal je sie selbst sein soll, endlich nur sie, ganz wie sie ohne uns wäre, bloß mit uns?

Jede radikal negierende Theorie oder jede radikale Poetik scheint entweder in Ironie zu zerfallen oder, noch schlimmer, die Kontrolle über sich zu verlieren, wenn sie sich des Geheimnisses ihres Gegenteils, das sie in ihrem Kern trägt, nicht bewusst ist: die Suche nach dem Menschlichen/Humanen im Prozess seiner speziesistischen Negation, die Suche nach der Natur, die nicht das Tier ist, wenn man Tier sagt, und es mit menschlichem Respekt schützen und erhalten muss, die Suche nach Anerkennung, wenn man sich revolutionär frei vom Urteil der Anderen macht, wenn man als Dekonstrukteur*in der Sprache ihren positivistischen Sog spürt, und dem Impuls trotzdem nicht nachgibt, sich in ihr (als Leerstelle) verfügbar zu machen.

Die Alternative zum »Nein« ist daher bei weitem nicht das »Ja«, sondern umgekehrt, und noch einmal, muss man sich vielmehr vor dem »Ja« im »Nein« fürchten und es sich wie ein Dompteur performativ vom Leib halten, gerade, indem man es *bei* sich behält. Die Natur erhalten, indem man sie sich vom Leib hält, sie daran hindern, Körper zu werden, sie daran hindern, eine Verhaltenssammlung von Tieren zu werden, die im Körperbau eine technische Strukturmetapher unseres Denkens wiederholen, insofern unsere Technik selbst bereits eine Metapher für dieses geworden ist – sie daran hindern, eine uneingestandene Natur aus Wissenskörpern zu sein, die man noch leichter als das präsentistisch gedachte Raubtier des »Ja« aus den Augen verliert.

Bei aller Durchdemokratisierung sämtlicher Akteure stehen wir vor einer Tierwelt auf Augenhöhe und können es doch nicht anders, als es auf diese Weise nur gegenständlich meinen, *wie ihm die Gedanken am Körper hinabliefen / Ameisen aus der Faust entkamen, wenn er nach ihnen griff / zu leben begannen*, doch nun in Gestalt eines lebenden Gegenstandes, der Gegenstand des »Guten«, unserem Überlebenstier, mit dem man getrost weiterwirtschaften kann, so wie wir die Natur als Faust der Empörten zurück in die Interna der Körperfragen und Anatomie zitieren.

Ich bin nicht euer Jude! – könnte daher (und hier frei erfunden) als Leitsatz über der ganzen Poetik Celans stehen, und meint dabei nicht nur die Täter. Celan »*never ceased inventing a poetry capable of reckoning with what men underwent during the thirties and forties, and (with supreme defiance) forcing the German language, that of the murderers, to carry this inventiveness.*«[2] Das klingt wie eine vordergründig künstlerische und zugleich aktivistische Anerkennung, mit der Badiou in seinem Buch *The Century* Celan die Beendigung des Jahrhunderts der Selbstgewissheiten attestiert. Doch ist diese Unabschließbarkeit (*he never ceased*), keine Dimension der Ausdauer, und auch nicht des Trotzes, sondern hält zuallererst den Erfinder und die Erfindung selbst zurück, um auf Höhe des Zeugen zu bleiben, der erfinderisch Rechenschaft gibt, was durch Verfestigung droht.

So stellt Celan die Frage nach sich selbst gerade aus der Zeugenschaft heraus spielerisch, vor allem mit *dem* Humor, der aus dieser Impulsunterdrückung, ganz loszulassen, was verneint werden soll, entspringt. Er hält, indem er der strukturellen Verneinung nicht das Feld überlässt, damit gleichzeitig und gerade auch den Schmerz präsent, die Frage der Herkunft, die Frage des Materials.

Das ist an diesem Punkt zunächst eine Behauptung. Doch lassen sich seine Gedichte in diesem Sinne auch strategisch lesen. Und das nicht unter dem Motto: »Gedichte lesen gegen den Krieg«, sondern bei aller Bescheidenheit, dort, im Kern, wo es still ist, an der Unangreifbarkeit seines »Neins« zu feilen – und das wiederum nicht nur, um gegen den *Fake* vorzugehen – wo doch der Körper bereits unter den Kopien verloren gegangen ist –, sondern weil man sich umgekehrt fragen muss, was an einer Faktennatur, die sich diesen Splitter des Erstsprechers eingerissen hat, noch zu retten sein soll, außer einer menschlichen Totalpräsenz, Trost ohne Halt und Halt ohne Trost im Nicht(s)-Anderen seines Überlebens.

Somit, als drittes und letztes Stück, folgt beispielgebend ein Gedicht, dass dazu noch genau mit den Motiven arbeitet, die hier benutzt wurden, um die Aufgabe zu stellen, im Sinne einer Strategie: (Sich) festhalten an der Natur im Akt ihrer Verneinung.

Zunächst ein epischer Vorlauf, auf den Celan selbst zurückgreift:

»*Und bald schon hören sie, wie die Soldaten ›Das Meer! das Meer!‹ rufen und wie das Wort von Mann zu Mann weitergegeben wird. Da nun liefen alle, auch die Nachhut, und trieben die Lasttiere und die Pferde an. Als sie die Höhe erreicht hatten, umarmten sie einander unter Tränen [...].*«[3]

»Hinauf und Zurück«, ist die Übersetzung des Terminus »Anabasis« aus dem Griechischen, Titel der Chronik eines Feldzugs, in der der Philosoph Xenophon als teilnehmender Beobachter und Feldherr die alle ihre denkbaren Anlässe verschluckende Irrwanderung eines Krieges festhält, dem sog. »Zug der Zehntausend«, 401–399 v. Chr. (ein Nachläufer des »Antiken Weltkriegs«, dem Peloponnesischen Krieg).

Das Perserreich, der erkrankte Dareios, usw., der es unter seinen Söhnen Artaxerxes und Kyros aufteilen wollte, die aber durch eine Intrige gespalten werden, und Kyros rückt, ja, eben klassisch toxisch, mit seinen Truppen gegen seinen Bruder nach Kleinasien vor ...

Und von nun an wird, und das ist das Interessante in einem Strukturbegriff dessen, was hier Geschichte ist, kein Widerspruch ausgelassen: Die Soldaten, als Söldner angeheuert, sind nicht informiert, um was es eigentlich geht. So entsteht zunächst im Modus eines Aufbruchs, der sich selbst überrollt, Verwirrung über die Größe der

Truppe, als sie sich entlang der gesamten Südküste Anatoliens nach und nach auffüllt, bis sie sich schließlich in der Spiegelung ihrer eigenen Größe des Ziels gewahr wird – es an sich selbst ablesen kann –, dass es gegen den Großkönig geht. Die nun aber entstehende Empörung steckt hier schon in der logistischen Falle, dass es für eine Rückreise bereits zu spät, kein Abbruch, der nicht ebenso Krieg und Plünderung bedeutet, noch möglich ist, nun aber im Vorwärtsgang der Rückgängigmachung der eigenen Handlung (Zurück in die Zukunft).

So erschließen sich auch alle weiteren verfolgten Ziele, mit der sich die Handlung eines »Heimwegs« viele tausend Kilometer in die Landschaften hineinfräst, in der gleichen Matrix eines Ursache-Folge-Tausches erst durch die kommenden Szenarien selbst, die unmögliche Möglichkeit, sich dem Gelände seiner eigenen Ursachen zu entziehen, in das die Eroberer als »Opfer« selbst hineingeraten sind.

Sind sie zu klein, weil sich einige gesondert auf den Weg zurück machen, werden sie überfallen, die Hauptschlacht aber verlieren sie als Sieger und die Drohung, sich immer tiefer zu verlaufen, in einem Kriegsgeschehen, das topographisch bestimmt ist, ohne den Ort zu meinen, verwandelt sich beim verlustreichen Zug nach Norden, zum Meer, schließlich gänzlich in die Landschaft selbst, als dem landschaftlichen Geschehen der eigenen Tat.

Anabasis heißt also in diesem Sinne »Hinauf und Zurück«, ein Ankommen in den eigenen Ursachen, sie zu transzendieren, zu verlandschaften, um wieder nach Hause zu kommen, sich hinten an der Schlange der eigenen Handlung anzustellen, sowie es als Verb auch »losfahren« und »ankommen« zugleich bedeutet.

»*Das Meer das Meer!*« – dieser Anblick nun rührt die Soldaten, nach zwei Jahren der Wanderung, »oben« schließlich angekommen, auf den letzten Hängen vor dem Schwarzen Meer, dem eigentlich falschen Meer, als ein Anblick der Erlösung.

Glitzert unten doch die Verheißung der Heimat, schon hier, unendlich entfernt, zitiert von den Wellen, ihrem Strukturgedächtnis, das damit zwar eben nicht das Zuhause selbst ist, aber als eine unähnliche Ähnlichkeit, eine Geometrie der Heimat, ihr »lesbares Fragment«.[4] Doch vielleicht ist selbst das schon zu ausschnitthaft gedacht –, ist es hier doch zugleich auch das nun erst vollgültige Hervortreten ihrer Lesbarkeit, wo sie nicht von ihrer eigenen Gegenständlichkeit bereits verdeckt wird, eher wie Blindenschrift: *die belesene Stelle im Wasser, heißes Licht / schon heißendes / auf den Wellen, als wär es mit dem Finger.*

So sind die Soldaten durch die Selbstähnlichkeit zwar an den Sog gebunden und angehalten, sich (aus sich heraus) an feste Formen zu halten, die Herkunft, die Verheißung des Subjekts der Heimat, die etwa in den eigenen Mythen liegt, doch eben nur so, dass es nichts zum Festhalten gibt. Es ist beides zugleich, unzusammengefügt in *ein* Bild gesetzt, das hier die Gefühlslage sowohl auslöst (Material werden will), als auch sich vergeblich daran abarbeitet (und gerade deshalb das Material befreit).

»*Ich bin es nunmehr müde, Kameraden, zusammenzupacken, zu marschieren, zu laufen, die Waffen zu tragen, in Reih und Glied zu gehen, Wache zu stehen und zu kämpfen; ich begehre jetzt, da wir am Meere sind, frei von diesen Plagen den Rest zu fahren und ausgestreckt wie Odysseus nach Griechenland zu kommen.‹ Auf diese Worte hin brachen die Soldaten in lauten Beifall aus: der habe das rechte Wort gefunden!«*[5]

Ausgestreckt wie Odysseus! Fass hinein und mach's dir bequem! Und kannst du, umgekehrt, wenn du nicht mehr willst, die Augen schließen und es den Wellen überlassen? Arbeiten sie für dich?

In diesem Verlandschaftungsangebot findet sich bei Celan also gerade das Wasser wieder, das Meer, in seinem Gedicht »Anabasis« von 1961 (erschienen in »Die Niemandsrose«), dieser Anblick in die Struktur, ins »Ungriffige«, in das er nun das »Nein« zur Herkunft gleichursprünglich einbauen kann, ohne dass es ein »Ja« des Verneinens wird.

ANABASIS

Dieses
schmal zwischen Mauern geschriebne
unwegsam-wahre
Hinauf und Zurück
in die herzhelle Zukunft.

Dort.

Silben-
mole, meer-
farben, weit
ins Unbefahrne hinaus.

Dann:
Bojen-,
Kummerbojen-Spalier
mit den
sekundenschön hüpfenden
Atemreflexen –: Leucht-
glockentöne (dum-,
dun-, un-,
unde suspirat
cor),
aus-
gelöst, ein-
gelöst, unser.

Sichtbares, Hörbares, das
frei-
werdende Zeltwort:

Mitsammen.

Celan zitiert hier ein kleines Stück Mozart (den Schlussvers der Motette »Exsultate, Jubilate«), *unde suspirat cor*, doch ausgeklammert (geköpft) aus der Dialogstruktur einer Bitte, die hier noch zu richten wäre, wäre das

Subjekt nicht schon kopfüber über sich hinaus. So ist der erste Teil als der im Empfänger markierte Absender weggelassen: »[Krone, du, der Jungfrauen, gib du uns Frieden, beruhige du die Leidenschaften] *deretwegen das Herz aufseufzt.*«[6] – Alles, auch und gerade das dringlich Mitgebrachte, fügt sich hier aus verschiedenen Richtungen in eine gleichzeitige geometrische Konstellation, die doch aber bereits draußen im Wasser ist, wie auch die deiktischen Ausrufe von *Dieses – Dort – Dann* nicht mehr auf eine Quelle zurückgehen, sondern mit dem Subjekt in der Matrix des Ursache-Folge-Tauschs bereits baden gegangen sind, an der Wasserkante über sich hinausgekippt und eingesperrt in einer Art *sandbox* viraler [Nicht]-Vergegenständlichung.

Die Noten, die Silben, das Meer, das das Millionenfache eines Seufzens schon ist, wie es springt – ist doch die Struktur selbst Metapher!

So lassen sich hier lauter Dreiecksformationen erkennen, die Silben von Mozart, die Zerlegung der Silben der Worte, das Atmen der Silben der Wortbedeutung, der leeren Bedeutung der Wellen, des musikalischen Takts, *dum-, / dun-, / un-, unde suspirat cor*, das Hüpfen, das als *Sichtbares, Hörbares* weder nicht spricht noch überhört – alles Bewegungen, in denen der Körper, die Deixis in Höchstform, keine Stelle mehr ist, kein Woher seines »Dort«, und doch »draußen«, im Gleißen schon Heißendes, sogar das Höchste, nach Hause, das ohne sein »Woher« nicht wäre.

Das Subjekt wird hier vom eigenen Vorsprung abgekoppelt, nicht durch Verneinung, sondern unter gleichzeitigem Geltenlassen des auf diese Weise unverfügbar gemachten Materials. Und auch die Enttäuschung, dass man einer unähnlichen Ähnlichkeit aufsitzt, wird hier als Gegenteilszustand, als Zustand der Nicht-Heimat stabil gehalten – eine Kollektion von Bojen, und damit ebenso Teil der Doppelaufgabe, denn wie sollten *Kummerbojen* anders im *Unbefahrenen* sein, als eben so, Materialangebote eines Subjekts, das ich nicht bin, in der Verneinung zuzulassen.

Zweitens: Diese Form der Auflösung leistet die Zerlegung des Subjekts, hier sogar einer gesamten Großarmee, natürlich nicht umsonst, weil sie sich mit all dem Mitgebrachten einer sogenannten *Geschichte* doch performativ, im Sinne einer unfreiwilligen Einübung in der Landschaft bereits gespiegelt hat, vertauscht wurde, die enggeführten Linien, *dieses / schmal zwischen Mauern geschriebne* ihrer Vision, die, nichts anderes, als heimzukehren über Fels, bereits felsiger Widerstand eines Heimatbegriffes geworden war, und damit stets schon über sich hinaus verhärtet, die Performativitätsfrage des Materials vor sich hergeschoben hat.

So wird sie, die Vision, nun, beim Anblick auf das, wo man nicht mehr hingreifen kann, gänzlich aus der Hartschale herausgelöst, dem Glauben, dass es hier um Gegenstände geht. Aus sich heraus springt *es* in diesem Anblick wie eine Nuss, doch unfest, eine Unnuss der Nuss, wo sie sowohl – *aus, / gelöst*, [als auch] *ein- / gelöst*, [zu einem unverfügbaren Begriff eines] *unser* [wird]. Ein Begriff, der unbedingt performativ und ausdauernd ist, der aber doch im entscheidenden Moment gerade darin seinen größten Trotz behält, dass er Erfindung und Erfinder am Ufer zurücklässt.

So ist schließlich der wichtigste Punkt dieser Dreiecksgeometrie das *Zeltwort mitsammen*, das Armeezelt, dass das in dieser Weise vertruppte Kollektivsubjekt rein faktisch scheinbar ist –, nun (aus- und aufgelöst in der zur Verneinung nötigen Latenz) eine Referenz der Herkunft, die Celan hier in diese Aggressorgeschichte einbaut, es zurücklässt, d. h., als das fragliche »*Es*« des Opfers, das unter den Tätern zum Opfer gewordene Wort, und hier entnommen der jüdischen Bibelübersetzung von Buber und Rosenzweig,[7] das sich löst, auch in einem physikalischen Sinne, *frei wird* und dort sein darf und sogar dort sein muss, wo man nicht hingelangen kann.

Da sich diese Hoffnung auf Einlösung nun weder an ein »Ja« noch ein »Nein« halten kann, wird diese Form der Verneinung gerade durch den Zwang zur Latenz erst möglich. Und latent ist es nicht, weil es in einem neuen Zustand aufgehoben ist, noch sich erst bewahrheitet, wenn es schon nicht mehr ist (beides dialektisch), sondern, umgekehrt, kann es nur verneint werden, wenn es bleibt, als unverfügbar-*bleibt*.

Markiert ist damit positiv die Strategie, dass sich nichts einlösen kann, nicht mal ein vernünftiges Subjekt des »Neins« zum Subjekt, wenn es sich umgekehrt nicht so wiederfindet, dass es, nicht-präsentistisch verneint, frei sein muss, zu bleiben. Kurz: diese seltsame Bewegung, bei sich zu behalten, was man verneint, da draußen, an einem Unort, gerade damit *es/Es* selbst kein Gegenstand wird.

Bescheidenheit heißt nun, dass das Gedicht souverän ist und sagen kann, was es will, doch lässt sich als strategischer Leser zum Schluss noch eine Frage damit stellen, die die Konzepte direkt an ihre Schmerzgrenze führt, und fragen:

›Wie würde wohl eine posthumanistische Perspektive mit der Orts-, Namens- und Faktizitätsfixierung der Erinnerungskultur, und daran gekoppelt, mit einem bestimmten humanistischen Würdebegriff (der in Deutschland im Rahmen der Gedenkkultur so wichtig ist) umgehen, wenn wir z. B. an einem Massengrab des 20. Jahrhunderts stehen? Vor allem dann, wenn es sich in kritischem Maße um ein anonymes Ereignis handelt, wenn wir die Identität der Opfer nicht kennen oder aufgrund der historischen Distanz oder der schieren Dimension des Verbrechens die Identitäten aus den Augen verlieren. Sind die Konturen des »Menschen« als eine Form der humanistischen Verdinglichung dann nicht das Einzige, was wir haben, in dem sich der Akt des Gedenkens manifestieren kann, vor allem dann, wenn wir uns in einer *irrtums*-orientierten Verneinungsstrategie alles andere genommen haben, was hier einstehen könnte? Kann ein Massengrab eine »queere« Situation sein? Was hält Haraways Satz aus, für die selbst im Begriff des »Posthumanen« noch zu viel »Mensch« steckt: »*We are humus, not homo, not anthropos; we are compost, not posthuman*«,[8] wenn man an diesem Ort steht, wo das fragliche »*Es*« des Opfers eben »*die*« unter denen betrifft, die keinen Namen mehr besitzen (Say their names!), den für immer dislozierten Menschen wie in jenem eingangs schon zitierten Gedicht Celans »Mitternacht«, wo es heißt: »*Ich habe keinen Namen. (Der fault im Menschenmoor.)*«?[9]

Celan, der die Dringlichkeit der Auflösung dieses Herkunfts- und Identitätssubjektes teilt, transzendiert jedoch die Kategorie des Menschen, indem er so etwas wie Würde aus der Unendlichkeit seiner Auflösung zieht. Die Würde wird zu einem Schatten des Menschlichen selbst, der in der Abwesenheit präsent bleibt.

So vermeidet er, die Spirale der Gegenidentitäten wie eine Schraube mit gegenläufigem Gewinde festzuziehen und tritt in das Spiel der Motive und ihrer strukturellen Fortbewegungsweisen durch die Geschichte ein, indem er das Fallen des Opfers ins Unendliche verlängert, es zu einer Methode macht, sich der Verletzung zu entziehen, indem er sich weigert, zu »heilen«. Die Kunst, gerade so sehr genug an Herkunft der Würde im Menschen zu glauben, dass sie als »Herkunft« und »Mensch« verneint werden kann.

So kann man, auch und gerade wenn es um »die Natur« selbst geht, zwar in der Bindungsfreude chemischer Elemente hinaus in immer größere und flexiblere Bahnen von Funktionszusammenhängen wandern, die niemanden mehr ausschließen sollen. Doch wo, bzw., *wie* soll man ankommen, auch prozessual, da dies ja hochgradig performative Prozesse sind, wenn man sich nicht zugleich als der Zurückgelassene präsent hält?

Die These wäre: Dass uns auch und vielleicht nur »die Natur«, als die im Verneinen zugleich aktiv gehaltene *ungriffige* Kategorie eines »Außerhalb« der Menschenwelt, wenn es um die Kritik im Innern geht, ihrerseits davor schützen kann, dass uns die Postmoderne (als das Analoge und die Analogie des Digitalen, in die sie umschlägt) wieder ins Meer zurückzieht.

[1] Paul Celan: *Mitternacht* [1961], in: *Die Gedichte. Neue Kommentierte Gesamtausgabe*, hrsg. und kommentiert v. Barbara Wiedemann, Berlin: Suhrkamp, 2020, S. 427.
[2] Alain Badiou: *The Century*, übers. v. Alberto Toscano, Cambridge: Polity Press, 2007, S. 87 f.
[3] Xenophon: *Der Zug der Zehntausend. Cyri Anabasis*, hrsg. v. Walter Müri, München: Ernst Heimeran Verlag, 1959, S. 247 f.
[4] Badiou: *The Century*, S. 82.
[5] Xenophon: *Der Zug der Zehntausend*, S. 263.
[6] Vgl. Barbara Wiedemann: *Kommentar*, in: Paul Celan: *Die Gedichte*, S. 813.
[7] Vgl. ebd.
[8] Donna J. Haraway: *Staying with the Trouble. Making Kin in the Chthulucene*, Durham: Duke University Press, 2016, S. 55.
[9] Celan: *Mitternacht*, S. 427.

Das Gedicht *Anabasis* [1961] von Paul Celan ist entnommen aus: Paul Celan: *Die Gedichte. Neue Kommentierte Gesamtausgabe*, hrsg. und kommentiert v. Barbara Wiedemann, Berlin: Suhrkamp, 2020, S. 151.

Foto: Dieter M. Gräf

PVC –

Auf dem umgedrehten Deckel einer Styroporbox, wie man sie üblicherweise zum Fischverkauf verwendet, finden sich am Straßenrand einer chinesischen Großstadt, hier gesehen in Nanjing, 2019, durchsichtige, etwa handtellergroße Ballons, in die Tiere eingelassen sind, lebendige Tiere, die in dieser bausteinhaften Form zum Verkauf ausliegen und als Schlüsselanhänger dienen sollen. Sie schweben dabei in der glasklaren Brühe einer Phantasieszene, die bedingungslos auf Sauberkeit getrimmt ist, und behaupten am eigenen Leib eine andere Welt.

Nahrungszufuhr ist nicht mehr vorgesehen. Löslicher Sauerstoff in Granulatform ist zur Wasseraufbereitung beigegeben, sodass auch der Fortbestand der Sauberkeit für eine weitere Woche garantiert werden kann, ausreichend Zeit, bis die Insassen dieser Kapseln schwach werden und verlöschen. Wo sind diese Tiere?

Der mit diesem Anblick verbundene Nervenkitzel rührt nicht allein von dort her, Zeuge einer grausamen Todesart zu sein, einer Tiermisshandlung, noch dazu einer aus niederen Motiven (Ramsch). Parallel ergibt sich auch ein Staunen darüber, dass sich hier wiederholt, was man, ohne menschliches Zutun, von Bernsteininklusionen kennt, Sterben in einer als Bild unsterblich machenden Kapsel, gesteigert aber durch ein Spiel mit der Zeit, einer Umkehrung des Bernsteinprinzips, dass einer auf Plastik- und Einwegprodukten basierten Machart, also dem Gegenteil von Dauer, der Fakt entgegengesetzt ist, dass tatsächlich gestorben wird (Höchstdauer). Aber auch das reicht nicht.

Der Reiz liegt letztlich im Festhalten am Leben, wenn es um die exzessive Verkünstlichung seiner Darstellung geht, um Pop, in der Perversion also, dass die Steigerung des Künstlichen im Natürlichen selbst liegen kann, als Baustein, der das Fass künstlicher Darstellung zum Überlaufen bringt. So werden Gummi oder Plastik im Grad der Künstlichkeit nur noch vom Original, dem Leben selbst übertrumpft.

Doch wie genau ist das möglich?

Gehen wir noch einmal zurück zum Bernstein. Beim Bernstein wird das im Vergleich zum eingeschlossenen Leben minderwertige Harz dadurch aufgewertet, dass es dem Leben eine ihm abkömmliche Eigenschaft verleiht, Dingcharakter und damit Dauer, wodurch es sich trotz der überformenden Tötung nach innen gerichtet an das Leben verborgt, eine untergeordnete Form der Überordnung.

Hier aber ist es keine Inklusion, bei der der Betrachter auf den Kern, das dinghaft gewordene Leben blicken kann. Die Tiere sind bewusst nicht als Einzelwesen ausgestellt, sondern wiederum als Baustein einer über sie hinausreichenden Aussage oder aber direkt als Zitat in eine Phantasieszene versetzt. Die Schildkröte ist Leinwand einer Bemalung, die verliebten zweisamen Goldfische, die zwei nächtlich davonschwimmenden Ninja-Taucher, oder eben mit bunten Steinchen versehen, die Krabbe, als Solitär der Schatzinsel. Statt also aus einer Tierwelt heraus- und dem menschlichen Betrachter entgegengehalten, werden die Tiere in eine Welt hinein- und paradoxerweise vom Menschen weggehalten, was ihn wiederum als körperlichen Betrachter in den Sog dieser Schwerelosigkeit zieht, eines Abschüttelversuches des natürlichen Ballasts.

Auch die Flüssigkeit wirkt in diese Richtung. Anders als etwa bei Blumenwasser ist sie nicht nur Mittel zur Verlängerung der Verblühdauer, sondern das Plasma dieser anderen Sphäre selbst (Teil der Blüte), also unbedingt zur Klarheit verpflichtet, und damit auch schon nicht mehr Teil des Mediums, aus dem die Eingeschlossenen stammen. Es zieht alles Schmutzige von der Natur ab und nimmt den Tieren das Eigengewicht, den Boden, auf dem sich der sterbende Körper in einer ihm eigenen Weise gewöhnlich drapiert. In die Schwerelosigkeit gehalten wirken die Tiere daher selbst in der Hölle wie in einer besseren Welt aufgehoben, eine Welt ohne Tod, ein Frischezeichen, sodass diese Packungen als Aussage nicht einsperren, sondern ähnlich den Idyllen der Schneeflockenkapseln zum Schütteln, den Beobachter aussperren und in das Land des leidlichen Lebens verbannen, in das ihn sein Körper zwingt. Statt Schnee rauscht hier die wechselseitige Rückübertragung von Pathos der Aussage und Leichtigkeit des Materialaufwandes ihrer Darbietung (Pop).

Und zur höchsten Stufe dieser Systematik der Exklusion gehört schließlich der Gebrauchscharakter, dass es eben gerade kein panoptisches Ding ist, sondern ein

Schlüsselanhänger –, und dies gerade obwohl der gefangene Gegenstand des Lebens, gemessen an seinem übergeordneten Wert, eigentlich ein der Sache angemessenes Innehalten verlangt. Gerade aber diese spezifische Verweigerung, ihm noch nicht einmal den Wert seiner ausschließlich auf Betrachtung ausgerichteten Tötung zuzubilligen, und stattdessen das Leben unter dem Zündschlüssel im Auto baumeln zu lassen, stabilisiert die Konstruktion. Über den Umweg der Lebensverachtung bezieht sich nun auch der Betrachter in die Verpackung ein, da es eben schon nicht mehr nur um den Blick, sondern um rituelle Handhabe der Lebensverachtung geht, als aktiver Teil seiner eigenen Exklusion als Lebendiger.

Darin steckt nun sowohl der Skandal, das Leben zu verdinglichen, doch eben nur als Mittel, hinarbeitend auf die Faszination, umgekehrt das Ding verlebendigt zu haben, durch eine mehrstufige Verbilligung des Lebens. So wie Luftblasen, die in einem gefluteten Raum Hoffnung auf Überleben geben, sind es hier, umgekehrt aus Wasser, Ausnahmeblasen in einer üblichen, vom Tod gefluteten Welt aus Luft – ein Medienspiel. Diese Sogwirkung kann nur geleistet werden von echten Körpern, der Übertritt, sich aufzuhalten, wo man eigentlich nie sein kann.

Dass diese Tiere leben, ist also ein Echtheitssiegel dafür, dass ein Sphärenübertritt vollzogen wurde. Der Körper stellt seine Beweiskraft einer dinglichen Existenz zur Verfügung, er verborgt das Leben an die Verpackung, und da sie unendlich wertloser ist als es selbst, handelt es sich hier, anders als beim Bernstein, um eine übergeordnete Unterordnung, keine Inklusion, sondern eine Exklusion des von außen auf sich selbst schauenden Lebens.

Einziger Hinweis –

(Eindrücke aus dem Windfang. Alfred-Döblin-Haus, Wewelsfleth)

Gestern haben wir eine Tour mit dem Fahrrad nach Wilster gemacht. Es war schrecklich. Der Wind war so stark, dass es nicht möglich war, überhaupt normal aus dem Dorf zu kommen. Aber die Entschlusskraft und auch die österliche Vorfreude auf etwas Leichtes, vielleicht bloß Bienenstich, war stärker.

Wir sind also gegen den Wind losgezogen (sogar von ihm angespornt und noch lachend) auf dem Hinweg, und auf dem Rückweg, dachten wir, würden wir den Wind dann im Rücken haben, aber nein, wieder gegen den Wind. Es war wie verhext. Dabei folgende Widersprüche: Mit ganzer Kraft bergauf fahren, das Auge aber sieht nur das flache Land. Die Sonne scheint ganz lieblich auf die Wiesen entlang des Flusses, unbewegt die Landschaft, da es wenig Bäume gibt (wenig Mitleid), die Ohren aber im Getöse, ein Brüllen, als hätte man etwas verbrochen, und man ist gegen das friedliche Bild taub geworden.

Und bei allem ist man selbst der einzige Hinweis auf Widerstand in der Landschaft, gegen den man ganz äußerlich ankämpft. Die Anstrengung, dagegenzuhalten, den Lenker, sich das Gestaltlose anders vorzustellen, mit bekannten Formen, z. B.: Der Wind sind die heimlichen Berge hier im Norden. Die unsichtbaren Berge, sichtbar nur, das *Mit*zubergestehen der Haare. Der Versuch, das postmodern mit sauberem Besteck anzugehen. Der Mensch ist es ja, der alles immer anzeigt, das Mitzubergestehen der Haare, wo sonst nichts ist.

Aber weil es ja gleichzeitig auch aus dem Rhythmus gerät, das Denken, und unmotiviert im Ohr ständig die Richtung ändert, nimmt sie doch Oberhand, die Angst, und man ist nach einer halben Stunde bereits zerrüttet. Ganz schlimm, das mit dem Fahrrad zu erleben, weil das Imkreistreten so paradox gegen die Richtungsschwankung im Denken antritt. Die Beine wissen, dass das Denken sich irrt. Dann bleibt man stehen, gewohnheitsmäßig ist ja »Pause« der richtige Instinkt. Aber anders als in den Bergen hört hier der Berg nicht auf, gegen einen anzugehen. Man hat also die Verantwortung für diesen Zustand bereits übernommen.

Zurückgekehrt, schweißnass, drei Stunden, mich von der Spazierfahrt zu erholen. Andere nehmen Drogen für Grenzerfahrungen, hier ist es als Radtour zu haben. Mit dem Fahrrad die Persönlichkeit spalten.

Dann abends das erste Mal die Empfindung, was für ein gemütliches und sicheres Haus es doch ist. Die Lampe auf dem Schreibtisch und erlösender Regen, Regen im Sinne von regelmäßig, gegen das Fenster.

Natur. Gender. Grizzly. –

(Thesen, flussaufwärts / zu Werner Herzogs Film »Grizzly Man«, 2005)

Der folgende Text handelt flussaufwärts, im berauschten Vollzugsbewusstsein einer Fiktion, vor allem dem der Fiktion der Natur und des Geschlechts. Beides nun, trotz rasender Widerstände mutig unhochgekrämpelt, ist tatenlos selbst einbrockt, weil sich alles durch Strömung anliefern lässt, wenn man drinsteht und kämpft, wenn man es selbst ist, der läuft. Also ein Richtungstext, in Untersuchung des Entgegenkommenden von Natur und Geschlecht, was sich nur ergibt in Unschuld, für die man schuldig ist, was sonst nicht nur nicht stillsteht und auch nicht rast und nicht mal unter Wasser begraben liegt, sondern gar nicht wäre, ginge man fußlos und nur mit offenen Augen durch die Welt ...

Des weiteren, viel prosaischer und am Naturabenteuer orientiert, handelt der Text, indem er dem selbsternannten Schutzpatron der Grizzly- und Braunbären Alaskas, Timothy Treadwell – der 2003 im Katmai-Nationalpark, wo er Sommer für Sommer versucht hatte, ein Leben unter den Bären zu führen, unbewaffnet und allein mit Kamera, Proviant und Zelt sowie einer unbelehrbaren Vision seiner artübergreifenden Zugehörigkeit zu ihnen ausgestattet, schließlich von eben »seinen« Schützlingen im drei-

zehnten Jahr dieser Zusammenarbeit gefressen wurde –, neben einer Würdigung auch eine Ungerechtigkeit antut, nämlich die, trotz des geflossenen Blutes an seinem Figurencharakter festzuhalten, mit Thesen den Fluss rauf zu handeln, ohne aus dem Fließkabinett der Fiktion je aussteigen zu können, nur wissend, was in einem Dokumentarfilm, der freilich gattungsbedingt eine der Höchstformen künstlicher Welterzeugung ist, von ihr, der Figur, also Treadwell, sichtbar war, und das heute und hier, mit diesen Augen, und vielleicht morgen schon nicht mehr.

Und indem er gerade diese Faktizitätsschwäche zum Programm macht, handelt der Text affirmativ an Treadwell vorbei. Denn diese Tür in den Abgrund der Fiktion hatte dieser selbst aufgestoßen und hat damit als Nebenprodukt in Miniatur auch ein Modell der Maschine zur Erzeugung der Natur erfunden sowie ihrer – ja »ihrer«, und eben nicht »seiner« – performativen Geschlechtstransformation, Feldarbeit also im besten Sinne, ohne Tabletten und Skalpell.

So liegt die Würdigung nicht zuletzt in der Ungerechtigkeit selbst, die Figur ernster zu nehmen als ihre Hintergründe, sodass sich der Text ins Recht rückt damit, sich eher für den Hinweg zu interessieren, für das, was sich beim Voranschreiten in die Fiktion von vorn kommend auftürmt, als eine Form selbstbewegter Architektur, in die Treadwell unter freiem Himmel eingezogen ist.

Die Kamera nun, die Treadwell über die meisten Jahre bei sich hatte – und auch Herzogs Film besteht größtenteils aus einem posthumen Arrangement aus der Flut von Aufnahmen, die von Treadwell selbst stammen, die sich bei ihm aber nie zu einem Film zusammenschließen, eben weil sie nie mit einem auf einen Abschluss ausgerichteten Gedanken gefilmt wurden, sondern vielmehr Mittel waren, vor Ort zu sein – diese Kamera ist, wie hier gezeigt werden soll, nun gerade darin ein magisches Werkzeug, dass von ihrer konstitutiven Nutzlosigkeit die ganze Natur abhängt. Somit ist dieser Richtungstext auch ein ungerechtes Plädoyer gerade gegen die Gattung des Naturfilms.

Methodisches: Um also den Hinweg in die Natur zu thematisieren, muss man gegen die Natur, wenn man »Bär« sagt, zunächst vorgehen. So handelt der Text, indem er den Film aufplottet (entstrickt, aus den Maschen löst) und die Figur als ein Bewegungsvermögen ähnlich wie bei einem Computerspiel in ein umgekehrtes Verhältnis zu den Bildern der Natur setzt.

Denn so wie bei einem Computerspiel die Bewegung erst zur sekundären Erzeugung (freilich hier nur zur Freigabe) einer konsekutiven Spielumgebung führt, auf die sich die Bewegung jeweils richtet, diesem Richten der Umgebung vorangehend aber all das, was kommt, zu einer »Umgebung der Richtung« macht, geht es hier um die Geburt der Natur aus dem Spiel ihrer Inszenierung und aus dem Missverständnis, das ihrer Erzeugung notwendig vorangeht.

Dieses Experiment hört sich kompliziert an, ist es aber nicht. Wie bei einem Jump-and-Run-Spiel interessieren wir uns einfach in genau der simplen Weise für das Primat der Bewegung, wie sie beim Telespiel etwa in das Zentrum des Bildschirms gerückt und nahezu fixiert ist, wohingegen die Bilder als eine kommende Welt aus der Bewegung hervorgehen und in Leserichtung über den Bildschirm fahren, wodurch sich nach kurzem Warmlesen auch sekundär der Film erzählt. Wir haben also nur die Rolle von Bild und Bewegung vertauscht und bürsten damit den Film, der uns geritten hat, ebenso im Rollentausch, liebevoll gegen den Strich.

Der in dieser Weise handelnde Text kann daher nun, als ein »Vorlaufen in die Bilder«, ebenso trickreich fragen wie ein Film: Was tut Treadwell da draußen bei den Bären, bevor sie ihn fressen? Warum geht er so dicht an sie heran, dass es absehbar ist, was passieren wird? Und wie reagiert er auf die, die ihn warnen, verneinen oder sogar verspotten, die Kenner und Beschützer der Natur, auch im Namen der Bären, die Ranger und Cowboys, die es besser wissen? Ist er verrückt? Ist er ein Künstler, usw., obwohl wir mit diesen Fragen eigentlich immer nur meinen: »Wie entsteht hier Natur und wie entsteht Geschlecht?« – und hier wirkt der Trick zurück, wenn sichtbar und zugleich unsicher wird, was Dekonstruktion leisten muss, wenn es dabei nicht nur um Narrative aus Bildern und Begriffen geht.

Noch zwei Bedienhinweise: Der Thesenfluss, in dem unsere Figur im Zentrum des Bildschirms steht und flussaufwärts in die herbeiscrollende Fiktion ihrer Selbstbewegtheit geht, ist in vier gleichzeitige Aspekte geteilt: Die Bewegungsform (eine Art Grundausstattung der Figur) – Der Ort (eine Übung, im künstlichen Gelände natürlich zu sein) – Die Kamera (eine Art Strahlenwaffe, die, statt einzufangen, nach vorn schießt) – und schließlich: Die Bären (die die Geschlechtstransformation ihrer kulturellen Kodierung eigens an sich selbst vornehmen, »weil« sie töten könnend nicht töten, solange der Held lebt).

Auch die Untergliederung der Thesen kann hier vereinfacht als eine nicht aus der Gleichzeitigkeit des Szenarios hinausführende logische Stufenfolge gelesen werden, sodass die Figur nicht nur im Fluss der Bildproduktion in Leserichtung steht, sondern auch auf dem Bildschirm, freilich aus dem Zentrum heraus, in das sie fixiert ist, gedacht, auf- und abklettern kann, um ihr Leben.

Filmstills »Grizzly Man«, Werner Herzog, 2005

1 – Die Bewegungsform

1.1 Timothy Treadwell imitiert die Bären nicht, denn dies wäre noch eine Art Laienbiologie, die, wenn auch unwissenschaftlich und anfechtbar, auf einer Art Systematik basieren müsste, die vor allen anderen Unterscheidungen zuallererst Bär und Mensch, Gegenstand und Beobachter voneinander trennt. Er betreibt jedoch keine dissoziierende Beobachtung, sondern spielt, schafft Einheit, bewegt sich, indem er, statt sich *auseinander*zusetzen (Hygiene), seine Beobachtung als den Raum, den er durchquert, erst erschafft, im Sinne einer nach vorn stolzierenden Selbstbegehung.

1.2 Die Anleitung für diese Art von Blick ist eher die Spielbewegung des Kindes, die in die Beobachtung einlädt, etwas zu sich hineinholt, statt eigene Interessen *im* und damit auch *gegen* den Raum zu implementieren. Statt also die Lebenswelt der Bären nach ihren Gesetzen zu studieren, um darin selbst Platz zu haben, oder zumindest im Zweifelsfall zu überleben, gilt hier umgekehrt: Nicht er ist Gast in der Welt der Bären, sondern er lädt die Bären als Gäste in seine Welt ein.

1.3 Seltsames Heldentum: Er expatriiert die Tiere (Umtopfung), ohne sie überhaupt bewegen zu müssen, über den Hebel ihres Raums, den er den Gesetzen seiner Phantasie unterwirft, eine Leistung, die ihm in gewisser Weise Unsterblichkeit verleiht, die wiederum bis zu seinem Tod auch vollgültig ist, schließlich bewegt er sich damit in einem Gelände, das ihm vertrauter nicht sein könnte.

1.4 Spezifik dieses Helden: Die Bären ernst zu nehmen, indem man ihren Ernst in ein Gelände des Spiels ableitet (fast landwirtschaftlich), der Ernst fließt ins Spielinnere ab. Oder: statt sich die Erzählfäden des Spiels durchtrennen zu lassen, von Zahn und Kralle, an der Scharfkantigkeit des Ernstes, die ihm immer wieder von den Bären vorgeführt wird, bestätigt sich ironischerweise, gerade weil es um die Möglichkeit geht, im Spiel zu sterben, nicht das Spiel mit dem Ernst, sondern die Ernsthaftigkeit des Spiels. Es ist die gleiche Judobewegung, das Größere mit einer Kraftumlenkung zu Fall zu bringen: die Angst. Sie wird hier zu einer Form des Geländegewinns.

1.5 Dem neu hinzugekommenen Bären, der abgemagert im einbrechenden Herbst ins Tal gewandert war und Treadwell am Ende tötet, fehlte es, was dieses Phantasiegelände angeht, anders als den Vertrauten der langjährigen Sommer lediglich an Ortskenntnis. Er kannte sich in seinem Kopf nicht aus.

1.6 Die antizipierende Phantasie des eigenen Todes (manchmal weint Treadwell), während er sich filmt, vorgestellt als Geschenk an die Bären. Da sie aber nicht antworten, bzw. sogar die Todesursache darstellen werden, heißt das, sich zu opfern, bereit zu sein, ihnen alles, was er aufgebaut hat, blind zu vererben, nämlich ihren eigenen Lebensraum (Schlüsselrückgabe, auch den Schlüssel, wie alles zu lesen ist? Aus diesem Winkel kommen die Tränen).

1.7 Heroische Tränen darüber, dass die Welt stirbt, wenn man selbst nicht hinschaut, auf sie aufpassen kann. Eine Idealismusthese, hier aber verwechselt mit Naturschutz.

2 – Der Ort

2.1 Treadwell findet im Territorium des *Grizzly Maze* einen perfekt hermetischen Ort – dieser ist dabei ähnlich weit weg wie die Innenseite eines Raubtierkäfigs, vor dem man zwar direkt stehen und hineinsehen kann, hinter dessen Stäben aber das Atopische der Beobachtung beginnt. Eine Kategorie der Unauffindbarkeit.

2.2 Auf gewisse Weise handelt es sich dabei aber gerade nicht um einen abgelegenen Ort, denn als Ort kann der Käfig, vor ihm, auf der sicheren Seite stehend, als eine Art Grenzproblem anerkannt und dokumentiert werden, was für den Aufenthalt in der Hermetik des Innern wichtig ist, eine verneinende Außenstabilisierung (ähnlich Einsamkeit der Großstadt).

2.3 Wäre Treadwell ohne diese Referenzpunkte dort, ohne ein Flugzeug, das ihn abholen wird, ohne Touristen und Ranger, die nur ein paar Meilen von ihm entfernt sind, ohne Wilderer, die er dort vermutet, die an den Rändern dieses Territoriums zu ihm vordringen, angespült werden, an der Insel seines Wahns – letztlich glaubt er sogar an Stalker, die ihm eigens Zeichen in der Wildnis hinterlassen –, was jedoch alles die Nähe zur Zivilisation latent hält, ebenso wie umgekehrt, sein selbst verliehener Status als Schutzpatron (als Pate) der Bären, der ihn mit seinem gemachten Bildmaterial in Schulen auftreten lässt oder ihn als Überlebenswunder bis in die Late-Night-Show zu David Letterman führt, gäbe es also diese Wechselschleuse des Ortes nicht, seine Durchlässigkeit, in beide Richtungen offen zu sein, ließe sich der Ort paradoxerweise nicht ausreichend verschließen.

2.4 Im Grunde heißt der Ort sehr bezeichnend »*Maze*«, hier aber als eine Verwicklung, nicht die der Wege und Sackgassen, sondern die zwischen Innen und Außen – statt einer labyrinthischen Wildnis, eher ein Ort der Türen, die Treadwell zuhalten muss, eben mit den Kräften dieses Ortes selbst, der, wäre er im Bewusstsein mit dem Ort wirklich allein, sich weigern würde, ihm für diese Ausschlussgeste die passenden Instrumente an die Hand zu reichen. Der Ort selbst hätte keine Klinken und keine Griffe. Die Gittertür, sich in die Natur einzuschließen, sind die Stäbe der Zivilisation (Stoff, aus dem die Träume sind), divergierende Räume, die sich jedoch, Tür an Tür, die gleichen Wände teilen. *Das System ist die Beziehung des Systems zu seiner Umwelt* (Luhmann). Und Treadwell braucht diese verschlussfähige Käfigtür zum Herstellen einer Ordnung, nur dass er das, anders als ein Dompteur, abends von innen tut.

2.5 Man muss nur die Käfigmetapher eintauschen gegen die Freilandvariante klassischer Abenteuerlust, um zu verstehen, dass Treadwell kein Draufgänger ist: Auf so engem Raum mit der Gefahr untergebracht, wäre die

Beobachtung dann nichts als ein Felsvorsprung, der einen Bergsteiger auf der Fußspitze verschnaufen lässt, nicht aber ausreichte, ihn zum sicheren Stand kommen zu lassen, sodass die Beobachtung mit dem anderen Bein stets über dem Abgrund der Widerfahrnis hinge. Treadwell aber steigt aus dieser unruhigen Dichotomie von Gefahr (Beute sein) und Beobachtung (Beute machen) aus, er überklettert sie, indem er sie gegen eine andere tauscht, der, zwischen Realität und Inszenierung, die ihm genug Standsicherheit verleiht, monatelang, repetierbar, 13 mal Sommer für Sommer. Da so das Gebirge im Kletterer selbst aufgetürmt ist, lässt sich sagen: Bricht es eines Tages zusammen, im Falle des Falles, brechen beide zugleich ein, Kletterer und Berg (erneut Idealismus).

2.6 Reine Überlebensaufgaben verhindern durch Gemeinmachung mit dem Gegenstand jede Natur. Auch der Jogger (Prepper der eigenen Natur) hat im Vergleich zum Spaziergänger die schlechteren Nerven. Das gilt auch für den Ort selbst: Um sich in die Natur einzuschließen, muss man an ihren Rändern bleiben.

2.7 Ort und Inszenierungstechnik gehen hier zusammen: in den Blicken der anderen. So demütigend sie für Treadwell mitunter sind, dass ihn die Ranger und die Parkverwaltung nicht ernst nehmen, sie, die Blicke auf ihn, sind doch notwendig, im Sinne der Käfigmetapher: Auszubrechen im Akt der eigenen Gefangennahme, an der Tür, die man zugeschlagen hat, zu lauschen, durch den Spion zu schauen, Spion im atopischen Raum, das geht eben nur, wenn umgekehrt die Blicke aus einem Ort kommen, der kein Unort ist. Sie demütigen ihn empor.

2.8 Spion in der Käfigtür (in doppelter Hinsicht) ist bei Treadwell vor allem die Kamera und die damit in den Raum importierte Möglichkeit, das Spiel zwischen Realität und Inszenierung zu entfachen, auch indem jene durch diese und diese durch jene ständig bedroht ist, an Gültigkeit zu verlieren. Das heißt: Beim Spiel »Nicht-zu-Blinzeln« wird vorausgesetzt, dass beide Seiten mitmachen. Diese Ermöglichung der Blicke durch die Kamera birgt das Risiko, durch den Blick hinein (und sei es der eigene, der sich nicht mehr glaubt) alles zum Einsturz zu bringen, was der Blick hinaus aufbaut. Umgekehrt auch: Damit er durchhält, müssen sie ihn sehen. Die Kamera stabilisiert (spielerisch) den Ort durch Bedrohung.

3 – Die Kamera

3.1 Die Rolle der Kamera bezüglich der Konstruktion des Ortes: Im Feld des Optischen bleibend (Rolle der Blicke), das die Kamera als Linse, Fenster, Spion vorgibt, ließe sich die Käfigmetapher erweitern durch eine Analogie zum Doppelfunktionsfenster bei Verhören.

Der Eingesperrte spiegelt sich im Glas, wissend aber, dass die anderen ihn so sehen, wie er sich spiegelt. Er wird dadurch von sich selbst provoziert. Die Kamera als Provokation mit körpereigenen Mitteln.

Zum anderen können die »Ausgeschlossenen« – denn Treadwell hat sich selbst eingesperrt, eigens um sie auszuschließen – ihn (aus ihrer »Ordnung der anderen« heraus) im Schutz dieses verspiegelten Fensters sehen. Doch hier entkräftet es sich: Denn dass *er* sie nicht sehen kann, während er sich filmt, gibt einen Enthemmungsvorsprung. Es schützt also vor allem Treadwell selbst. Sie können ihm nicht dort hinein folgen, sie müssen die Form wahren. (Der Delinquent aber ist vogelfrei, aus der Ordnung gesetzt, und kann die, die über ihn richten, Kraft ihrer Ordnung ausschließen).

Die Kamera ist die mobile Version dieses Doppelfunktionsfensters, dabei handlich genug, um mit ihm zu spielen (im wahrsten Sinne: *es* selbst in der Hand zu haben). Es geschieht das Gleiche, was Treadwell mit der Todesangst macht, das Größere durch einen Judogriff für sich selbst zu mobilisieren, es in ein Spiel verwandeln.

3.2 In dieser binären Struktur (Verhörfenster) ist die Kamera das Element, das das Spiel permanent anstachelt. Diese Doppelstruktur aber reicht noch nicht, um den Raum zu stabilisieren. Treadwell ist nämlich in das Paradox verstrickt, dass er nicht der »Gewinner des Blicks« sein darf. Er darf weder Autist sein noch Dokumentarfilmer. So hinterlässt er mit der Kamera freiwillig einen Schmerzpunkt im Spiel (die Drosselung des Enthemmungsvorsprungs, eine offene Stelle, die ihn manchmal vor der Kamera rasend macht). Denn die Kamera hat als neuralgischer Punkt dieser Raumkonstruktion zwei Probleme: erstens, dass es *ein* Gerät ist, ihre Doppelfunktion als nur *ein* Gerät (Identität), und zweitens, dass Treadwell es *selbst* in der Hand hat, sie zu benutzen – schließlich ist er allein vor Ort – also eine Kontrolle ausübt, zu der er sich nicht vollständig hinreißen lassen darf. Denn den eigenen Blick als Dokumentarfilm absolut zu setzen, hieße strukturell eine Rückkehr in die Ordnung der anderen, eine Vereinseitigung des Blicks und damit Selbstausschluss aus der Landschaft. Wirklich zu gewinnen, hieße verlieren.

3.3 Es lohnt daher eine weitere Analogie zu bemühen, diesmal aus dem optischen Feld herausgenommen, um diesen Schmerzpunkt der Raumkonstruktion als Raumproblem sichtbar zu machen: nämlich der in der Landschaft hochgehaltene Reifen (Zirkusreifen), durch den die löwenhafte Kraft der Selbstüberzeugung springen soll, der Durchbruch zu den Tieren (Flucht aus der Ordnung). Es gibt nun scheinbar ein vor und hinter dem Reifen, doch es gibt nur *einen* Reifen (die Räume teilen sich die gleiche Wand), so wie es nicht um das *Vor* und *Hinter* der Kamera geht, sondern um die Doppeldeutigkeit ihres Blicks in *einem* Gerät (die Blicke teilen sich eine Linse).

Treadwell hält den Reifen also selbst hoch und klettert hindurch. Was dann trotz des Gelingens, dem Durchbruch zur anderen Seite, immer bleibt, ist ein verdrehter Arm, der den Reifen hält, die offene Stelle im System. Der Schmerz, als Konstrukteur der Natur in ihrer Realität nie anzukommen, obwohl sie als sinnvoller Raum (Natur *als* Natur) ohne die Konstruktion nicht wäre. Die Kamera ist dieser Reifen.

3.4 Es ist sinnvoll, die Verflechtung dieser drei Funktionen der Kamera (den Blick hinein und hinaus sowie den Schmerzpunkt) zuerst in ihrem Zusammenwirken als Raumkonstruktion zu skizzieren, in die sich Treadwell erfolgreich einsperrt. Es wäre einfacher gewesen, diese Funktionen zunächst voneinander isoliert zu betrachten, um sie dann aufzuaddieren. So aber lässt sich etwas anderes zeigen, wie nämlich der *Schmerzpunkt* – die Eigenmächtigkeit der Kamera – in das Grundmuster der ersten beiden Funktionen (Ein- und Ausschließung im Dialog mit der Außenwelt) bereits eingearbeitet ist.

Denn diese dritte Funktion wird von Treadwell nicht bewusst bespielt. Sie ist keine *eigene* Ebene, sondern macht die ersten beiden erst gültig, und ist vielmehr eine Form der Ehrlichkeit, der Treadwell sich als Person unterzieht (sein *Charakter*, auch im Sinne der »Figur«, die er vor der Kamera ist). Und doch hat sie, diese dritte Kraft, das letzte Wort (seine eigene Ehrlichkeit ist Treadwell filmisch voraus) und produziert, gerade im Kontrollverlust, den er zulässt, das eigentliche Kino. Sie ist es, die das Material virtuos macht.

3.5 Erst jetzt kann mit ausreichender Tiefe gefragt werden: Was für eine Art Film wird dort gedreht? In welchem Verhältnis steht gerade das Dokumentarische zu dieser Bewegungsform, die Treadwell für seine Landnahme wählt? Nicht nur, weil er sich mit diesem Genre so stark assoziiert (und vor Ort legitimiert), sondern weil der Verdacht naheliegt, dass gerade hier dieser *Schmerzpunkt* versteckt ist (der Kontrollverlust, den er zulässt), in der Auseinandersetzung mit der Autorität des Dokumentierens und den empfundenen Geboten und erkundeten Möglichkeiten der Selbstdokumentation.

Wo und wie also ist das Dokumentarische, das in den gefilmten und filmischen Handlungen Treadwells scheinbar so sehr im Vordergrund steht, mit den beiden raumerzeugenden Funktionen der Kamera verflochten, wenn man sie in diesem Sinne, in einer zweiten, nachträglichen Anordnung nun einzeln betrachtet, und dabei fragt: Wo steckt der Schmerz im Dokumentarischen?

3.6 Der Blick hinaus (Funktion 1): Treadwells Kamera ist, statt Aufnahmegerät, eher eine Art Pistole, ein nach vorn wirkender Strahlenapparat, der die Realität als Inszenierung frontal befeuert, eine mechanische Einrichtung, mit der ihm die Gestaltgebung des Ortes sogar besser gelingt, im Sinne der spielerischen Kontrolle, als durch die bildlich festgehaltene Inszenierung der Inszenierung nach »hinten« hin, ins Innere der Kamera (Dokumentation). Diese zweite Handhabe der Kamera ist jedoch Grundvoraussetzung der ersten. Zwar kann man sagen: »*statt* Aufnahmegerät«, so doch konstitutiv nur dadurch, *dass* es eins ist, wirkt die Kamera primär nach vorn. Doch das Dokumentarische ist dabei mehr als nur Anlassgeber. Die Frage muss noch anders ansetzen.

3.7 Spielzeug: Die Kamera steht hier in einem ähnlichen Verhältnis zur Welt wie etwa das Plastikgewehr, mit dem ein kriegsspielendes Kind um sich schießt. Es tötet nicht vom Gewehr aus, denn dieses ist lediglich der Griff, ein Anhaltspunkt, denn irgendwo muss man sich festhalten, am griffigen Zitat. Das Gewehr als Mündung einer vorgestellten Ordnung ist damit vielleicht sogar die friedlichste Komponente des Geschehens, denn seine Künstlichkeit ist viel offensichtlicher als die der bespielten Welt – vielmehr aber formt es als Portal die Welt um, in eine Welt, in der dieser Schuss trifft, was viel gewaltiger ist als zu schießen. Das Dokumentarische ist hier über jede Selbstlegitimierungsfunktion hinaus also auch eine Art Griff in den Realitätsgehalt des Künstlichen, und damit Zugang zu einer Verkünstlichung zweiter Ordnung (eine Leitstruktur der Inszenierung der Realität, so wie Spielzeuge aus den Materialbeständen der Erwachsenen entnommen sind). Aber auch das reicht noch nicht.

3.8 Vielmehr *gewinnt* (obsiegt) das Dokumentarische erst am »Ende«, indem es das letzte Wort hat, und es erhält dabei seine Hoheit gerade auf dem Umweg seiner Vernachlässigung. Das Dokumentarische ist hier eine *virtuose* Verletzung der Kontrolle (im Umkehrzug zu seiner für sein Zustandekommen nötigen Souveränität).

Hierzu erneut eine Analogie aus dem Umfeld der Käfigmetapher: Auch der Dompteur inszeniert in zwei Richtungen, den Löwen gilt die überlebensnotwendige Inszenierung der eigenen Angstfreiheit, die er dann sekundär als Mine auch vor den Augen der Zuschauer wahrt und sie in diese Richtung verkauft, obwohl sie als Ware im Überlebensmoment irrelevant ist. So ist auch hier die Dokumentation als Anlass nur ein Nebenprodukt, das seine Vernebensächlichung dokumentiert. In der Vernachlässigung aber entfesselt es mittels der Kamera seine eigentlichen Produktivkräfte, denn Spielen braucht Selbstvergessenheit. Die eigentliche Schubkraft der Kamera, eine Wirklichkeit zu erzeugen, mit der Kraft, sich selbst als deren Erzeuger zu glauben, wird erst von der Lebensgefahr ermöglicht, der sich Treadwell aussetzt. Und hier schlüpft das Dokumentarische in eine Teufelslücke, in der es am Ende Recht behält. Denn die Kamera filmt die ganze Zeit auch die Lebensgefahr an der Inszenierung vorbei. Und mehr noch, sie filmt die Selbstvergessenheit im Angesicht der Gefahr (was sich in Treadwells Rücken abspielt, die Bären, die eben noch mit den Köpfen in den Fluss getaucht, Treadwell erblicken, sich ihm ungesehen nähern), und schließlich filmt sie auch die Lebensfreude, die Treadwell in diesem Verdrängungsprozess freisetzt.

3.9 Es ist eine schuldige Form der Unschuld: Hat die Inszenierung die Gefahr gebraucht, um sich über die Triangulation mit der Kamera zu vergessen, filmt die Kamera die dadurch entstandene Unschuld desjenigen, den die Realität einholen wird. Sie hat das letzte Wort, eine Raumkonstruktion im Sinne einer Hingabe an den Kontrollverlust, der für das Gelingen des Raums notwendig ist. Diese Spannung ist das eigentliche Drama, das sich in die Bilder einschreibt.

3.10 Deswegen ist es auch kein Paradox zu sagen, dass Treadwells Unsterblichkeit bis zum Zeitpunkt seines Todes vollgültig war, weil es ihm gelingt, die Welt, in der sein Tod stattfinden wird, zu erzeugen. Seine Ehrlichkeit ist ihm mit der Kamera lediglich immer um den Todesmoment voraus (das Weltauge). Die Kamera filmt unerbittlich die Zerstörbarkeit dessen, was sie als Inszenierung ermöglicht. In dieser Hinsicht dreht die Welt selbst einen Dokumentarfilm über den, der sie inszeniert. Der verdrehte Arm am Reifen, den Treadwell erlaubt.

3.11 Der Blick hinein (Funktion 2): Dass das Dokumentarische am Ende gewinnt – in dieser Dopplung: freiwillig *un*kontrolliert – zeigt sich auch in der zweiten Hauptfunktion der Kamera als eingeschmuggelter Zeuge aus der Welt außerhalb des Käfigs.

Noch einmal simplifiziert: An diese Welt gerichtet ist das gesammelte Material scheinbar dokumentarisch und als selbstgestellter Auftrag an sie adressiert, für später, für das Internet, für die Schulklassen, aber auch für die Unbelehrbaren, die Anderen, an die durch den eigenen Einschluss Ausgeschlossenen, mit wütender Gegenrede, denen Treadwell mit der Kamera zugleich erlaubt, auf ihn zu schauen (Verhörfenster).

Damit ist die Kamera ein Provokateur, der Treadwell durch stummes Zusehen sowohl mit seinen außer Kraft gesetzten Regeln (der durch ihn verletzten Ratio seines Aufenthaltes) *konfrontiert*, als auch im Umkehrzug, fast nach Tageslaune, dazu *stimuliert*, den Knoten neuer Regeln gegen die Kamera gerichtet noch fester zu ziehen (Käfigbau).

Dieser Dialog aber ist bodenlos. Denn die Gegenkräfte sind kein Kampf zweier voneinander gelöster Kräfte, sondern eine mobile Architektur, ein Balanceakt. Die Strahlen dieses sehenden (erschaffenden) und bewertenden (strafenden) Auges, die im Gehäuse der Kamera enggeführt werden und in beide Richtungen vorstoßen, sind ein und dieselbe Gerätschaft, die Stange des Seiltänzers, die im »Ja« das gegenüberliegende »Nein« provoziert, das im Zwist nicht minder zur Kunst des Gleichgewichts gehört wie jenes, sowie jenes zugleich nicht minder stört. Der Wunsch, zu bestehen, ist (für den Seiltänzer) strukturell schon der erste Selbstwiderspruch. Wie soll sich das so gewonnene filmische Material jemals abschließen lassen, wenn die Frage von Kontrolle und Kontrollverlust in dieser Weise internalisiert wird? Auf was läuft Treadwells Film hinaus?

3.12 Wäre der Film das eigentliche Ziel dieses Kunstwerks, er würde scheitern. Treadwell hat seine Verneinung zu tief in die Statik dieses filmischen Weltbaus hineinverlagert (infiniter Selbstwiderstand), um noch Regisseur sein zu können. Die Kamera jagt ihn, sie verletzt (löscht) seine Aufnahmen, allein durch ihre Anwesenheit. Und gerade ihre Stummheit markiert höchst ökonomisch die Überlegenheit über den Sprechenden. Wir sehen, wie Treadwell einzelne Szenen, Action-Bewegungen als Held im Gelände, Publikumsansprachen mit Sonnenbrille – die Arbeit überhaupt, sich als Kunstfigur gegenüber der ausgeschlossenen Welt rückvermittelbar zu machen –, wie an einem eingestandener Weise *Fiktion* produzierenden Filmset wiederholt. Scheinbar, weil die Inszenierung nicht »gut« genug eingefangen ist? Eher, weil die Kamera als Werkzeug der Raumkonstruktion selbst bodenlos ist (sein muss), sichtbar auch an den Schimpftiraden, die Treadwell in ihre noch tieferen Tiefen, in ihre mediale Bodenlosigkeit versenkt, als wäre sie nicht *sein* Arbeitsinstrument, sondern selbst eine unverfügbare Instanz, die am Ende entscheidet, dass alles unentschieden bleibt.

So entsteht das Kunstwerk gerade darin, das Medium so weit in die Verzweiflung seiner Medialität hineinzutreiben, bis man selbst der Gejagte ist. Und genau hier, durch diesen offenen Spalt, den Treadwell durch Verzicht auf die Bildhoheit lässt, kommt die Dokumentation zum Tragen, gleichsam invertiert, als eine Kunst des Kontrollverlusts, als *Antidokumentation*, indem, gleichsam durch einen Sog (Teufelslücke), die Natur in diese Leerstelle springt. Treadwell hat ihr diese Bühne performativ gebaut, sie überhaupt als Raumsubjekt (Gespenst) erst erzeugt, als Käfig, doch *sie* hat das letzte Wort und beginnt, den zu kommentieren und zu dokumentieren, der sie inszeniert, als das unabschließbare Grenzproblem, das sie ist.

3.13 Deutlich wird dies etwa in vielen unfreiwillig poetischen Szenen, darunter auch Herzogs Lieblingsszene: Treadwell plant, von oben auf uns zu kommend, einen kleinen Hang durch Sträucher und Gebüsch herunterzulaufen, stehen zu bleiben und uns etwas zu sagen. Unzufrieden mit sich dreht er um, will es noch einmal versuchen, verlässt hangaufwärts das Bild und lässt die Kamera (uns) allein. Was sich nun zeigt, wenn sie in seiner Abwesenheit weiterfilmt, auf ihn wartend, ist ein plötzlich sich steigernder, mehrfach nachgreifender Windstoß in den Büschen, ein Zwischenruf der Natur (*als Gestalt ohne Wind, ohne Baum*), der abebbt und innehält, wenn Treadwell erneut erscheint (der sich filmt, wie er es *nicht* sieht). Alles nur Schatten der Eigenbewegung einer Natur, die als Primat des Sekundären wieder zurücktritt, als würde sie den direkten Blick nicht ertragen, eine Natur, die sich mit Abwesenheiten (ihres eigenen Sub-

jekts) als Kraftzentrum auskennt. Sie antwortet ihm mit
Ironie.

3.14 Doch auch jenseits solcher Bilder muss man dieses
Prinzip der sprechenden Natur als den weitesten Rahmen
betrachten, im Sinne der Frage nach der künstlerischen
Abschließbarkeit seines ganzen Projektes. Hier kommt
ein dritter Judogriff Treadwells zum Tragen, die Rolle der
Bären. Es lässt sich sagen: Treadwell überlässt ihnen die
Regie. Denn wenn er in dieser hochartifiziellen Weise
seines Aufenthaltes in Korrespondenz mit den Bären
überlebt, was einerseits eine Kunst ist, letztlich aber von
ihnen abhängt, stimmen die Bilder, und das Kunstwerk
bestätigt sich.

Vor der Kamera spielt sich damit ein Wechselspiel von
Potenz und Versagen ab, von dem sowohl Inszenierung
als auch Überleben abhängen, denn vor den Bären und
vor der Leinwand gilt beides in gleicher Weise, wer am
Letzten zweifelt, nämlich den Ort bespielen zu können,
und sei es mit der Autorität des eigenen Zweifels, stirbt.

Heißt zusammengedacht: Die Bären machen *Treadwell*
zum Dokument, als die Instanz der Beglaubigung seiner
filmischen Welt.

3.15 Deswegen wiederholt Treadwell auch so oft den drohenden Satz an den Zuschauer: »*You will die here. Don't come here!*« Es ist das Empfinden der Unwiederholbarkeit des künstlerischen Prozesses, dem er selbst untergeordnet ist, als Künstler, dem sein Kunstwerk letztlich ein Rätsel ist. Das Leben ist so weit in das Kunstwerk eingeschlossen, dass es seinen Hinweg in die Situation, in der es sich in die Waagschale geworfen hat, verlernt. Dieser Autorität und auch der damit verbundenen Sucht (dem Sog) des Authentischen kann Treadwell selbst nicht mehr entkommen.

Hier schließt sich der Kreis: Er ist unsterblich, solange er vor den Augen der Bären die Welt erzeugen kann, in der sich sein möglicher Tod abspielen wird. Zu Beginn seiner Tötung, als ihn der fremde Bär angreift, hat er die Kamera noch einmal eingeschaltet (durch seine tragischerweise mit ihm getötete Begleiterin Amie Huguenard einschalten lassen, die in der Todesangst vergaß, den Objektivdeckel abzunehmen). Der Film, von da an nur als Tonspur, sollte von Anfang an länger sein als das in das Kunstwerk integrierte Leben.

3.16 Unendlicher Zirkel: Mit der Kamera wird ein Kunstwerk erzeugt, das nicht der Film ist.

4 – Grizzly

4.1 Um die hier drohenden klassischen Gefährlichkeitsfetische zu vermeiden, gilt es, der Argumentation weiter zu folgen, und bezogen auf die Bären lieber direkt mit dem weiterzumachen, was wir die »Judogriffe« Treadwells genannt haben.

Es waren bisher drei: 1. die Entwurzelung der Bären im Sinne der Umdeutung ihres Raums (Rollrasen. Gastgeberschaft gegenüber ihnen in ihrem eigenen Haus), 2. eine kanalisierte Todesangst als Landgewinn (Landwirtschaft), bzw. der Ernst, sterben zu können, als Ernst eines für *Naturen* notwendigen Spiels (sich durch spielerische Befeuerung in sie einzusperren [Holz als Spielart des Feuers])

sowie 3., die Bären als Regisseur, im Singular, als letztinstanzliches Bewahrheitungssubjekt der Raum-Konstruktion *dieser* Natur (ihr auf Treadwell bezogenes Überlebenlassen, das heißt, dass das Natursubjekt *ihn* am Leben lässt, oder filmisch: als Form einer Bildbewahrheitung, die der künstlerische Prozess mittels Bärenkräften auf sich selbst anwendet).

Der vierte und letzte Judogriff Treadwells – und natürlich ist dies keine zeitliche Reihenfolge – setzt nun das klassische Geschlecht der Naturbegehung außer Kraft, im Sinne der männlich durchdeklinierten Wildnis.

4.2 Eine Geschlechtsoperation an der Wildnis durchzuführen, um in ihr ungestört ein zarter Mann sein zu dürfen, kann nicht einfach heißen, das männliche Geschlecht aus ihr zu verbannen. Schließlich ist die Wildnis hier auch als Reservat ein Ort, an dem die Natur zu ihrem eigenen Schutz auf eine Weise »eingesperrt« ist, dass ihr Bezwingungsheroismus ungebrochen in den ihrer Bewachung mündet (Wachablösung). Es droht Expertentum.

Damit sind Formen ihrer direkten Instrumentalisierung als Barriere in einer Weise vorkodiert, dass man dabei zugleich die Sprache derer sprechen müsste, die es auszuschließen gilt. Eine Gegenlogik als in sich geschlossene Erzählform, die Logik etwa des Dokumentarfilms oder einer nicht zirkulären (an der Wechselschleuse ausgerichteten) Einsiedelei, würde die Logik, gegen die sie sich richtet, eher verfestigen und sich selbst zum Fluchtgrund machen (Selbstausschluss aus der Landschaft).

4.3 Auch ist nichts an diesem Ort ist so vorgefertigt wie das Größte selbst, der Naturbegriff, der höchst verkitscht ist, der im Falle Treadwells aus den Städten kommt, aus Kalifornien, aus den Entdeckungsschmonzetten der Nationalparks.

Noch wichtiger aber ist, dass selbst die Bären, die in Treadwells Aufenthalts-Architektur scheinbar im Mittelpunkt stehen, gerade jedoch in diesem auf sie gerichteten Fetisch ein leeres Zentrum darstellen – sie sind in der Überbeanspruchung unterdeterminiert.

Ginge es wirklich um sie, und nicht, wie hier vermutet, um ein performatives Verfahren des Ausschlusses, also einen künstlerischen Vorgang (und sei er auch intuitiv), der die Bären, gerade ob ihrer Vorkodierung als lebensgefährlich und deswegen männlich faszinierend, in ein Spiel miteinbezieht, das eben genau diesen männlichen Blick auf die Natur einer Drainage unterzieht – wären die Bären also einfach nur als sie selbst gemeint, dann würden sie sich in ihrem Objektivierungsgrad nicht unterscheiden von ihrer klassisch konnotierten Festsetzung, im Naturquartett der Cowboys schlicht eine hohe Karte darzustellen. Großtiere enthalten schon sowohl Jagd, als auch, strukturell gleich: Umarmungsfähigkeit (vergegenständlichende Tierliebe als Form der fleischverarbeitenden Industrie).

4.4 Wie sich also befreien von den Verfolgern? Befreien, von den Rangern, der Parkverwaltung (an deren Spitze hier übrigens eine Frau stand), den Wilderern, den Stalkern, wenn das vorgefundene Fluchtmaterial sofort umzuschlagen droht in eine Form der Selbst-Intoxikation, sobald man sich an dieser offenstehenden Theke von Natursymbolen lediglich bedient (vergifteter Bach), statt dieses Paradox aufzulösen? Der Naturfilm ist Gift.

Es wird daher zwingend zu einer Frage der Dekonstruktion als *gelebter* Praxis: Die Verneinung eines geschlechtlichen Prinzips, aus dem es kein gegenständliches und somit auch kein geschlechtliches Entkommen gibt, das Nein als Form des Ja. Es ist der von Treadwell gefilmte Irrgarten (Maze), der diesen Einblick in ein Verfahrensproblem ermöglicht, auf der Stelle stehend zu fliehen (ein Kam[m]er[a]spiel, passend zur Enge der Wiese mit Bärenhintergrund, auf der Treadwell sich immer wieder filmt).

4.5 Zu fragen ist: Wie es also anstellen – wie etwas so Gefährliches und Gefährdetes wie die Bären, ein Zentrum, auf das sich die Aufmerksamkeit des ganzes Parks richtet, was Treadwell als Sonderfall des Besuchers jedoch miteinschließt (ihn einholt, den gleichen Regeln unterwirft), statt ihn auszuzeichnen, trotz also dieser groben Form der Gemeinmachung in eine für ihn geschaffene *Gegennatur*, in etwas »Weiches« umkodieren, damit er, Treadwell, »zart« und im Sinne seiner eigenen Natur natürlich sein darf?

Das heißt, statt dem Subjekt Ausnahmen einzuräumen (worüber ihn die Parkwächter und Cowboys verlachen), soll es, das Subjekt, darin als eine solche legitimiert werden, dass sich umgekehrt die umgebende Welt von ihren Regeln trennt (etwas, was die Cowboys nicht beherrschen).

4.6 Und hier kommt zum Zug, dass sich Treadwell mit Asymmetrien (Judo) bestens auskennt. Die Teilnehmer dieser Figurenaufstellung teilen sich keineswegs einen gemeinsamen neutralen Raum. Denn Treadwell hat gerade eben Macht über eben diesen (als Konstruktion, als Käfig), und *nur* über den Raum, weit mehr noch als über sich selbst (der klägliche Held), sodass die unmögliche Selbständerung nur und gerade über den Umweg der heraklischen Änderung der Welt erfolgen kann, in der er als Konstrukteur des Großen zugleich im Kleinen wieder stattfindet, ausgeliefert an die Bären und authentisch geerdet durch die Lebensgefahr. Dieser Selbstanspruch richtet sich also nach außen und legt daher die Benutzung der Kamera als nach vorn gerichtete Umdeutungsmaschine, als Strahlenpistole nahe.

4.7 Bringt man diese Bedingungen, die Stellen, wo die Kraft im Asymmetrischen ansetzen soll, nun als räumliches Ausgangstableau zusammen, ist es ratsam, sich die Wildnis eher als klassischen Zoo vorzustellen, von der vermeintlich offenen Seite Richtung »Natur« hin abgewandt, als das vorgefundene Spielfeld (Spielbrett für den bürgerlichen Hausgebrauch, bzw. den Hausgebrauch auch seiner Verneinung), mit der dreiteiligen Konstellation aus Tier, Zuschauer und Barriere.

Nur so lässt sich verstehen, was Treadwell einerseits herkunftsbedingt, zugleich aber in seiner Virtuosität zu tun vermag.

So gelingt ihm folgende Neuordnung: das Spielfeld (die Grenzsituation des Zoos) so zu drehen, dass

1. das ‚Wildtier‘ die Position des ‚Zauns‘ einnimmt (er macht die Bären zu Türstehern – sie bilden mit ihrer lebensbedrohenden Kraft die Barriere heraus, die eine Ausnahmezone errichtet, in der dieses geschlechtliche Experiment, den Menschen zu überwinden, stattfindet; es ist eine Verhaltensbarriere – niemand ohne Gewehr würde ihm auf diese Weise dorthin folgen),

2. der ‚Zuschauer‘ (vormals Treadwell, das Vormalige daran liegt als Prozess, seine Identität abzulegen, sogar noch weiter zurück, schon darin, dass Treadwell bürgerlich eigentlich Dexter hieß) hingegen die des ‚Wildtiers‘, das seine Natur hinter dem Schutz des Tiers auslebt, und auf das von außen geschaut wird;

3. und die vormalige ‚Barriere‘ nimmt schließlich die Rolle eines virtuellen neuen ‚Zuschauers‘ ein (die Blicke der Anderen), den mit der Kamera importieren fremden Blick eines – und das ist für den Prozess wichtig –, eines auszuschließenden, nie aber vollendet ausgeschlossenen, also in der Differenz, dem Wesen der Barriere selbst verhafteten und vital gehaltenen Gegenzuschauers (Verhörfenster), der das Tier in seiner Wildheit anstachelt und ob seiner Natur vernichten will: ein menschlicher Blick auf einen Menschen über die Barriere des Tiers hinweg.

4.8 Die Methode: Statt also der (gegenständlichen) Festsetzung ihres Gegenpols gelingt die Verneinung hier durch eine ständige, performative Aufrechterhaltung der Beziehung zum Verneinten, dadurch, es einzuschließen (in die Kamera), um es unter der permanenten Einbeziehung der Ursprungsmotivation als Verneintes vital zu halten, auch als Bedrohendes, eben in dieser Käfigsituation, die Treadwell mit der Kamera konstruiert.

Im Grunde lässt sich Agambens Politik des Homo sacer als Waffe auch umdrehen und mit einer Variable besetzen: Indem man »[X] *von sich abtrennt und sich entgegensetzt und zugleich in einer einschließenden Ausschließung die Beziehung zu ihm aufrecht erhält*«[1] – so gilt es hier, das verneinte Geschlecht stabilisierend in die Konstruktion miteinzubeziehen, die sich ihrerseits nicht auf sich selbst gründen darf, um zu gelten. Durch ihre vitale Beziehung zum Auszuschließenden, die erst durch ihren Einschluss ermöglicht wird, wird die Konstruktion umso fester, fester als jede Sprachpolitik, fester als Beton. (Dekonstruktion aber ist nie als *nur* mittelhaft wirksam, sondern Mittel als angewandte [gelebte] Methodologie).

4.9 Umkehrung der Kraft: Gerade dort im Schlafanzug durch das Bild zu laufen, als Terrorist der Wildniskonzepte, wo sich die Wildnis als Attraktionsort männlicher Blicke konserviert, an den Rändern, durch Einbeziehung ihrer Blicke in die Performance ihres Ausschlusses.

Dabei muss das »Selbst« als Projekt scheitern, um zur Anwendung zu kommen und die »Methode« zu schützen (der Schmerzpunkt, den Treadwell erlaubt).

4.10 Erst in dieser Versuchsanordnung kann nun die Paradoxie in Treadwells Umgang mit den Bären als künstlerisches »Lebend-Material« sichtbar gemacht werden. Treadwell wendet seine Drainage des Geschlechts nämlich nicht direkt auf die in die Kamera eingeschlossenen

Beobachter an, seine Feinde, sondern, nach dem Prinzip, dass sich zuerst die Welt ändern muss, bevor das Subjekt als Ausnahme durchsetzungsfähig ist, auf seine Freunde, die Bären.

So bittet Treadwell die Bären, mit dem Töten endlich aufzuhören, er betrachtet weinend ein abgefressenes Skelett eines Bärenjungen. Er singt ihnen Lieder aus dem Gebüsch vor, er gibt ihnen infantilisierte Namen wie Booble, Mr. Chocolate und Mr. Brown. Er tröstet die Bären für ihre Beziehungs- und Sexualprobleme, wenn sie in der Abendsonne am Flussufer in einen genderspezifischen Ärger untereinander verwickelt sind.

Treadwell betreibt damit ihre konsequente Aufweichung, indem er einen dem Geschlecht übergeordneten Harmonisierungsanspruch an die Natur richtet, die die Bären als ihre ansprechbaren Vertreter (Umarmungsfähigkeit des Großtiers) zu verwalten haben, ein Anspruch, der für die menschlichen Teilnehmer ohne die Hilfe der Tiere unerfüllbar wäre.

Stellen die Bären einerseits eine Verhaltensbarriere dar, die Treadwell schützt (ihre Funktion als Türsteher im missverstandenen Körper der Bestie), beginnt er sie zugleich konsequent zu denaturalisieren, diesen natürlichen, lebendigen Damm ihrer das Territorium umrahmenden Pranken mit der sanften Natur einer *Gegen*natur zu unterspülen. Die Natur soll an ihrer Quelle als Gesellschafts- und Geschlechtsmetapher versiegen und lernen, im Frieden sie selbst zu sein.

4.11 Der vollzogene Rollentausch wird bald in den gesteigerten Ansprüchen des Schöpfers sichtbar: Im Töten innerhalb der Natur liegt nun nicht der klassische Schluss, dass die Natur auch potentiell gegen den Menschen auffahren kann, weil er von dieser Seite her zur Natur gehört – der in die Natur hineinzitierte Mensch, der plötzlich am Kragen gepackt und von den Tieren als einer der ihren erkannt wird (und die Bären sind dabei fast drei Meter hoch, wenn sie sich aufrichten und ihren Rücken an einer Tanne reiben) –, sondern das tötende Tier zitiert für Treadwell umgekehrt den Menschen, den er zurückgelassen hat. Indem die Tiere natürlich sind, sind sie den Menschen nahe, die die Natur nicht verstehen. Als Spielverderber weist das tötende Tier damit die kindliche (ungeschlechtliche) Wahrheit zurück und wird gerade in seiner Natürlichkeit für Treadwell zum Paradox einer unnatürlichen Natur.

Andererseits kann der kindliche Umgangston in den Ernst der Erwachsenensprache umschlagen, wenn umgekehrt die Tiere spielen. Ein Fuchs stiehlt seine Mütze, Treadwell wird wütend und ruft: »*I'm gonna explode!*« Es gibt nur Platz für einen Spielenden. Wo zwischen Natur und Spiel sollen die Tiere sich aufhalten? Treadwell besetzt alle ihre Räume, er verdrängt die Tiere mit ihrer Hilfe aus dem Schöpfungsakt seiner Natur.

4.12 Da er nicht nur *mit* den Bären, sondern im gleichen Zug auch *für* sie spricht, entwickelt Treadwell im Dialog mit ihnen einen spezifischen Sprach- und Stimmcode (gerichtet in die Puppenstube, in die die unsichtbare Hand des selbstversunken Spielenden hineingreift, wodurch er zugleich Zeuge eines Phänomens der spielerischen Selbstorganisation wird), eine Welt, in der sich alle ausreden lassen; er lässt die Schweigenden ausreden. Die Distinguiertheit der Sprache, eben dieses vor sich hinsprechende, selbstvergessene Kind, das zugleich auch die Stimmlage der Mutter gegenüber den Bären *als* Kinder anklingen lässt (als Geschöpfe dieses Raums), ist in ihrem Zwielicht schon Tonprobe für die Stimme eines Geschlechts, das durchaus undefiniert bleiben kann oder sogar muss: die Stimme der Ausnahme, die selbst keine finite Gestalt mehr hat, sondern die einer für die Ausnahme infinitesimal vorzubereitenden Welt, in deren Regelaufweichung Treadwell die Bären als Pioniere voranschickt.

Sieht man diese Wahrheit nun als kindlich an, dann drängt er damit vektoriell im Bärenkörper die Stimme des Vaters zurück, die ständig droht, mit der Pranke aus diesem Körper zurückzuschlagen, und treibt das Denaturalisierungsprogramm bis an den Rand ihres Stoffwechsels vor. So sagt er verschämt über einen Bären: »*When he had to go to the bathroom*«, und betastet stolz den noch warmen zurückgelassenen Kothaufen des Giganten, das autistische Rätsel einer Sache, »die zuvor noch in ihm war«, im Körper der Kraft.

4.13 Zusammengefasst: Die männliche Logik (nicht nur die des Geschlechts, sondern der Geschlechtlichkeit ihres Blicks) hat Treadwell als Kamera mit in den Raum geholt, hinter die Barriere der Bären, um sie dort in der Box (im unendlichen Verfahren des ausschließenden Einschlusses) zu lokalisieren. Durch diese Verortung erst gelingt der inflationär aus der Kamera nach vorn gerichtete Anspruch an die Natur, einen Gegenbeweis anzutreten, sich selbst nach anderen Regeln zu verhalten, eine ungeschlechtliche Natur sein. Dieses Versprechen müssen die Bären halten. Treadwell ist dabei doppelt abgesichert. Denn halten sie das Versprechen nicht und fressen ihn, entreißen sie ihn damit trotzdem in die bereits eingeschlagene Fluchtrichtung: von den Menschen weg. Das zusammenbrechende Spiel wäre dann zugleich eine Totalevakuierung (Berg und Bergsteiger stürzen gemeinsam).

4.14 Durch den performativen Akt der Verneinung des Feindes im Freund legitimiert sich auch der Kitsch: Denn für den künstlerischen Prozess (sich ein Versteck unter den Bären zu bauen), vielleicht sogar für die Intaktheit einer jeden Naturkonstruktion ist es nicht nur verzeihlich, sondern sogar notwendig, im Umgang mit den »eigentlichen« Naturgegenständen an ihnen systematisch vorbeizuleben (Natur als Missverständnis).

4.15 Und das Lächerliche? Das Versagen vor der Kamera diffamiert Treadwell nicht, sondern bestätigt die vollendete Künstlichkeit seiner Welt. Der Meister der Inszenierung ähnelt im Grad seiner Unschuld dem des Uninszenierten. Treadwell macht sich damit den Tieren tatsächlich verwandt, er lebt seine Natur aus – was ein stärkerer Bund ist als jedes Wissen.

4.16 Was sieht das Bärenauge, was der Bär nicht sieht?

---

[1] Giorgio Agamben: *Homo sacer. Die souveräne Macht und das nackte Leben*, übers. v. Hubert Thüring, Frankfurt/Main: Suhrkamp, 2002, S. 18.

Sterben als Teil der Freizeit –

Interessant ist der Begriff des Arbeitsunfalls im Hinblick auf die Reisegeschwindigkeit in die Totalität der Natur. Und dies jenseits seiner juristischen Dimension, zuständig für Fragen der Versicherung und des Regelwerks seiner Vermeidungsanstrengungen, die wiederum umgekehrt die Räume auch positiv, als das als Gussabdruck erhobene Haupt mit der hohlen Frage prägen, wie viel Sicherheit Arbeit eigentlich verträgt, um noch stattfinden zu können, nämlich als das positive Gesicht der »Noch-Ermöglichung« der Arbeit trotz der Gefahr, eben als Gesicht dieses und jenes Raums. Dies nicht.

Interessant aber auch jenseits der kausalen Überlegungen, etwa am Kaffeetisch oder auf der Raucherinsel vor dem Krankenhaus, *wo*, *wann* oder *was* passiert ist, eben auf der Arbeit, und nicht in der Freizeit, und damit auch heldenhaft an der Front höheren Wohls, das des »Muss ja«, das der der Sache nach eingeschriebenen Unfreiwilligkeit des Aufenthaltes, die doch aber zugleich Ausdruck freiwilliger Zugehörigkeit zum Lebenswillen des Kollektivs darstellt (die Flussüberquerung der Gnus), das Rampenlicht vollsten Verständnisses erteilt, und doch gerade in ihm, im restlosen Aufgehen in dieser Art Licht auch eine Nähe zum eigenen Verlöschen verspüren lässt, wo der Zusammenfall der eigenen Austauschbarkeit als

Arbeitssubjekt mit der Einmaligkeit der Gesundheit den Unfallcharakter der Normalität selbst markiert – eine Art Überblendung. Das alles nicht.

Vielmehr nur dahingehend, dass der Begriff insgesamt suggeriert, dass der Mensch sich während der Arbeit nicht an einem natürlichen Ort befindet, sondern *schon* in einem, oder besser, auf bestimmte Weise schon *im* Raum befindet, in dem nach Betreten jeweils *noch* nichts passiert ist (kurz: im »Schon« eines »Noch-Nicht«), in der Weise, dass das Passieren im Nichtpassieren eingemauert wurde, ein weit verkalktes Vordenken in die Möglichkeit, das mit dem Neon mit angeht, quasi auf Weiteres wartet, der lauernde Raum, der als das Spiegelbild eines sich im Spiegel selbst entgegenspringenden Raubtiers, als sein raubtierhaftes Mitlauern auf die Vermeidung seines eigenen Vor-Sprungs wartet, als wäre er selbst es, der die Verletzung erst ins Spiel bringt, denn er ist schon da.

Interessant ist der Begriff des Arbeitsunfalls also zuerst als dieser *Raum*, der Schuld auf sich nimmt (der in einem reagierenden Sinne angefangen hat), der das Organische der Verletzung mit der künstlichen Architektur einer Prozessumgebung stabilisiert, der die lautlose Mobilität der Pirsch als Immobilie auf die Spitze treibt und von dessen Decken und Wänden, ganz in Weiß getarnt, abgeschorfte Vorerfahrungen hängen, stille Schreie – vor allem zugänglich für das Ohr des noch nicht abgestumpften Neuankömmlings –, die es doch aber spiegelbildlich gut meinen, woran man sich also schnell gewöhnt, und dann mindesten solange, bis *es* passiert.

Dabei wäre dies eine hemmungslose Übertreibung, wenn es nicht nur lediglich um eine Seite, die hier aber interessantere ginge, die des schuldigen Raums, denn das oben erwähnte positive Gesicht der »Noch-Ermöglichung der Arbeit trotz der Gefahr«, eben der Gussabdruck der als Hohlraum gestatteten Arbeit im Begriff des Arbeitsunfalls, lässt genug Luft zum Durchatmen. Man kann eben einen Raum nicht bis an die Decke mit Sicherheit ausgießen; und auch China, das dergleichen versucht, beginnt interessanter Weise mit dem Arbeitsschutz nicht an den Arbeitsstätten selbst, sondern in den deckenlosen, städtischen Räumen der Arbeitsumgebungswirklichkeit, und dies nicht umsonst, wie sich zeigt, wenn man – und ohne auf das Land dabei näher eingehen zu müssen – der Argumentation weiter folgt:

Denn dieser nun ausbalancierte Raum, das »Schon« eines »Noch-Nicht« (den man auch bezogen auf die Arbeit selbst als solches empfinden kann, z. B., wenn man nicht arbeitet, sich vor dem Raum schämt), und der sich doch wieder in den Ritzen und ausgelassenen Stellen der Arbeitsermöglichung »gewöhnlich« macht, bis man ihn fast vergisst, steht dem natürlichen Raum trotzdem so beharrlich in einer Weise gegenüber – und das ist der zweite interessante Aspekt –, dass jener, der »Raum der Freizeit«, das je akzeptierte Weitere von allem, was passieren kann, von nun an schon ist.

Denn korrespondierend zum Arbeitsraum als »Schon« eines »Noch-Nicht« des Arbeitsunfalls ist der Raum der Freizeit, der einem nach Feierabend als der viel ursprünglichere vorkommt, doch der jüngere, als das »Noch« eines »Nicht-Mehr« geltender Regeln.

Nicht nur die Gefahr (Fahrlässigkeit), sondern, wichtiger, auch das Nicht-Verunfallen-Sollen scheint in der

Freizeit von der Leine genommen, obwohl die Unlust auf Schmerz und die Vorsicht gegenüber äußerer Einwirkung nicht zwangsläufig geringer, wohl aber dem Individuum zu größeren Anteilen selbst überlassen sind (wie lange noch?), sodass der Körper und die *in* und *mit* ihm gemachten Erfahrungen eher eine gemeinsame wildwüchsige Umrisslinie des Lebens zu bilden scheinen, die den Körper eben nie als Kategorie in ihm steckender ungeeigneter Kleidung begreifen kann, sondern als Zone, wo es vollumfänglich in seiner Durchsetzung um ihn selbst geht.

Unfälle und ihre Möglichkeit gehören dort so selbstverständlich dazu wie der Wurm im Schnabel, der Schnabel am Vogel, der Vogel auf dem Ast, und unter dem Ast, ein darunter hinwegfahrender und nicht hinschauender Radfahrer, als würde man es nur hören, und es erst dann deuten. Und auch der Verkehr und all die Gesetze und das engmaschig regulierte Netz gegenläufiger Interessen im öffentlichen Raum sind alles zwar Geltungsräume, die diese natürliche Freizeit besattelt durchqueren muss, ohne selbst aber in einem inhaltlichen Sinne ein eigener Raum zu sein, der mehr ist als die Negativität des »Noch« eines »Nicht-Mehr« – (es ist wie ein Tieferrutschen im Magen): die unmögliche Frage, wo der absolute Raum der Freizeit oder der der Natur nun sei, die man als »man selbst« doch stets schon bei sich hat.

Und hier lohnt es sich, dass wir trickhaft mit einer Verneinung begonnen haben, einer Verneinung dessen, wofür wir uns zwar nicht *nicht*, aber eben nicht primär interessieren, und was zugleich erst durch die Verneinung, nun jedoch inhaltlich ins Spiel gebracht wird. Denn genau dieses positive »Noch-Ermöglichen der Arbeit trotz der Gefahr« als die andere Seite des Arbeitsunfalls beschreibt im Innenverhältnis der Arbeitsstätte – als verneinte Gefahr mit hohem Gesicht – auch das Außenverhältnis zu seiner Umgebung.

So ist die künstliche Arbeitsumgebung in den natürlichen Raum nicht einfach als Ausnahme eines sonstigen allgemeinen Risikozustandes des räumlich nicht in gleicher Weise organisierbaren Lebens eingebettet, sondern schließt vielmehr umgekehrt den Geltungsbereich ihrer inneren Gesetzmäßigkeiten als Raum aus sich aus, wo sie nicht mehr gelten, und gründet damit erst den natürlichen Raum entlang der eigenen Definitionsbemühungen im Innern.

Bleibt man nun bei dieser kleinen Monade des Unfalls, der als Eindringling in die Ordnung eintritt, die er provoziert hat, und damit den Kern der Geschichte des Arbeitsschutzes ironischerweise nur als Fußnote bildet, insofern jener sich eben nur an das wenden kann, was sich berechnen lässt, sich in organisierten Räumen auf das Unvorhergesehene vorbereitet, mit der Gewalt anfängt, und mit dieser wiederum dem Arbeitskampf im Allgemeinen und dann erst dem eigentlichen Anliegen der Arbeit, nämlich unter bestimmten Bemühungen, möglichen Risiken und möglichen Opfern, Wert zu produzieren, weit untergeordnet ist, so ist er, der Arbeitsunfall, dennoch der neuralgische Punkt, an dem diese Grenze zweier aus sich selbst entstehender Räume sichtbar wird, eben durch besagte Reisegeschwindigkeit in die Totalität der Natur.

Gerade an der Schnittstelle der Verletzlichkeit, wo es um das Eingemachte des Körpers geht, wo sich zeigt, dass der Arbeitsschutz nun mit seinem überindividuellen Begriff von Leib und Wohl, in der die Vorsicht selbst eine Art Dopplung, eine Art der Sicht des Sehens ist – ein lauernder Raum *und* eine Überblendung des Belauerten –, wird es möglich, auch die Kategorien der Entfremdung seitenverkehrt zu denken: Nicht als ein Kommen und Gehen aus einem viel ursprünglicheren Raum als dem der Arbeit selbst, der beim täglichen Hinaustreten und Hinauswirtschaften aus der Arbeitsstätte zurück in die Freizeit, quasi sekundär mitverkümmert, etwa als Freizeitindustrie, sondern so, dass die Natur erst als Folge entsteht, dem raubtierhaft lauernden Hinweis auf sich selbst als *Raum* nachzugehen – dem Hinweis nämlich, dass sie im Unfall stets bereits da ist, sodass *sie*, die Ursprüngliche, als Gegenteilsraum dieses Raums, der sie nicht ist, entsteht.

Das »Noch« eines »Nicht-Mehr« heißt: Die Geburt der Natur im Mit-Lauern ihrer zurückgenommenen Gefahr, die Geburt der Natur im Sicherheitsabstand – so stillgestellt, dass das »Noch« ihrer Unvorgesehenheit im »Nicht-Mehr« der ihr entgegenspringenden Regeln sogar noch zu schnurren beginnt. Und hier schlägt der Arbeitsunfall phänomenologisch zu.

Denn gerade die Arbeit, eben dieser Raum des Nichtunfalls im antizipierten Unfall, kann paradoxerweise gerade durch den Grad ihrer Unnatürlichkeit als Ereignisstätte des Unfalls eine Naturerfahrung in einem Maße freisetzen, dass die dabei wirkenden Schleuderkräfte und Geschwindigkeiten unmöglich außerhalb der Arbeit so zu wiederholen wären, auch mit Unfällen der Freizeit nicht, eben weil man ihr, der Freizeitnatur, durch nicht arbeitsmäßige Lebenshandlungen, und selbst im durchgeschleuderten Zustand scheinbar immer schon näher ist, und zwar in diesem Modus: im »Noch« eines »Nicht-Mehr« einer Welt, die sie nicht ist, und die sie doch erst sichtbar macht – zu *nah* also, als dass man sie noch erreichen könnte.

Das gegenläufig Paradoxe am Begriff des Arbeitsunfalls nun ist, dass er nur in dieser antizipatorischen Dimension, eben als System und Architektur- und Verfahrens- und Verhaltenskomponente oder retrospektiv als Bewältigungs- oder Kausalnexus funktioniert, im Moment aber seines Eintretens nicht mehr zutrifft. Es gibt den Arbeitsunfall nur, wenn er nicht eintritt oder schon vorüber ist. Der vom Gerüst stürzende Arbeiter aber befindet sich in einem Millisekundenbereich, eigentlich schon vom Moment der Realisierung der Unvermeidbarkeit des Unfalls an (point of no return), schon nicht mehr am Arbeitsplatz, sondern in seiner Freizeit, und durchbricht damit nicht nur die Schale seiner körperlichen Integrität, sondern den Begriff der Arbeit selbst, durch dessen raumverknüpfende Paradoxie er im Nadelöhr des Arbeitsunfalls schlüpft wie durch ein kosmisches Wurmloch.

Jedes gezielte Entfernen vom Arbeitsplatz, selbst in der als solcher definierten Freizeit, und mit allen zur Verfügung stehenden Verkehrsmitteln unterwegs zu einem vermuteten Aufenthaltsort der Natur kann die Wand zu ihr nicht durchbrechen. Zuhause und im Urlaub, selbst im Ruhestand oder durch krankheitsbedingtes Ausscheiden aus der Arbeit, oft sogar noch auf dem Sterbebett, in all diesen Kreuzweisen ist man der Arbeit stets näher als ihr, ihrem Abschein. Und das Schlimmste am Garnichtstun ist gerade der Wegfall der Freizeit; ebenso im Wald, in dessen Gehölz man sich umso arbeitsmäßiger verfängt, je tiefer und nackter, je natürlicher man in ihn hineineilt.

Und das ist nicht einfach nur eine Aussage über die Pervertierung des Waldsports oder die Entfremdung der Freizeit im Sinne eines Übergreifens von strukturellen Eigenschaften eines Raums in den anderen, sondern die Feststellung, dass diese Übergriffigkeit nur möglich ist, weil die Räume in einem viel ursprünglicheren Sinne ineinander gründen.

Bei diesem explosionsartigen Austritt aus der Arbeit, den der Unfall darstellt, handelt es sich daher nicht einfach um eine Rückkehr auf den Boden der Tatsachen, eine Rückkehr *in* die Natur oder eine zerplatzende Sicherheitsillusion. Das aus der Arbeit herausgeschleuderte Unfallsubjekt ist vielmehr dem Schock einer Natur als einer räumlichen Zone ausgesetzt, die sich erst und nur so, durch den Bruch aus der Schale der Arbeit, die sich begrifflich von ihr mit abertausendjähriger Geschichte abgesetzt hat, nun als Totalität außerhalb dieser erlebbar macht, indem sie selbst in ein raumausfüllendes Außerhalb aus dem Druckbehälter der Arbeit geschleudert wird, wo der lauernde Raum doch ihr eigener Vorsprung war.

Die Natur also, in die hineingestürzt, hineingeschnitten und -gebrochen wird, macht im Arbeitsunfall und seinen Geschwindigkeiten damit einerseits zwar eine alte Geschichte sichtbar, doch ist sie im schockartigen Ausstoß zugleich ein grenzenlos inflationärer Raumzustand, ein Airbag, der nicht der Luftsack selbst ist, sondern der Raum, in den er hineinknallt (shock *deflation*). Der Arbeitsunfall folgt damit dem Grundmuster des ersten, dem Primat aller Unfälle, dem Urknall, bei dem sich der Raum, in den hineingeknallt wird, erst sekundär mit der Ausbreitung der Materie erzeugt. So ließe sich sagen: Die Natur ist das Sekundäre einer mit ihr zündelnden Sachgemäßheit.

Das aber hat erheblichste Konsequenzen, wenn sie, die Natur, zugleich der Standpunkt ist, auf die Arbeit zurückzuschauen. So ist sie einerseits ein Teufelswerk der Arbeitswelt, die sich permanent an ihr vergeht, zugleich jedoch die einzig mögliche Achse, von der aus sich das gesellschaftliche Wesen der Arbeit von außen selbst anschauen kann. Und hier schließt sich nicht nur der Kreis jeder Kritik der Ökonomie als *hauseigene* Naturbezogenheit im Allgemeinen, sondern auch der der wachsenden Unmöglichkeit einer Kritik an China im Speziellen (Naturdiebstahl).

Der Verunfallende jedenfalls ist ein Überschallreisender zwischen diesen Sphären, genauer: zwischen ihren unmöglichen Reinformen. Er sieht mit Entsetzen die Nichtzugehörigkeit zum Ort seiner Abreise in einem Moment, wo er aus diesem an einen anderen, den er nie anders hätte erreichen können, versetzt wird, den Ort seiner eigenen absoluten Natürlichkeit.

Quattro Canti –

Draußen bei den Quattro Canti, wo sich einige Hauptverkehrsadern der Stadt für einen kurzen Moment kreuzen, ohne viel Aufhebens, wohnt, an eine Kirchenmauer gelehnt, eine Frau. Ihre Habseligkeiten sind angeordnet, als würden sie in der Geometrie der fehlenden vier Wände ein Kraftfeld erzeugen, das den Schutz realer Wände überflüssig macht. Der Raum, der vom vorbeiströmenden Verkehr und der steilen, zierlosen Kirchenmauer flankiert wird, ist hier zugleich ein hermetischer Ort, in den niemand eindringen kann. Zwar ist alles zu sehen, doch stellt alles zur gleichen Zeit wie auf einem Röntgenbild etwas Inneres, Unantastbares dar.

Niemand spricht mit der Frau. Niemand kommt, sie zu vertreiben. Neben ihrem Bett, das Gestell, Matratze und Bezüge hat, steht eine Lampe mit einem kordelbesetzten Schirm. Strom bezieht sie aus der Kirche – ein Kabel rollt sich unter der Tür hindurchkommend die schmale Seitentreppe hinab. Des weiteren gibt es einen ausziehbaren Metallzaun, kniehoch, dessen Streben ihren Besitz tags von der Straße abgrenzen.

Abends, wenn sie heimkehrt, entfaltet sie ihr Zimmer zur vollen Größe, zieht alle an die Kirchenwand geschobenen Gegenstände zurück an ihren eigentlichen Platz: Da ist eine Truhe, vollgestopft mit Wäsche, ein kleines

Schränkchen und ein Einkaufswagen, der mit Plastiktüten überwuchert ist. Die Lampe steht neben dem Bett und allerlei Koffer und aufgeklappte Kartons bilden die Rückwand. Diese Dinge, alle so offen freigelegt, gehen ohne Atempause in die fremden Wände und Luftsäulen der Stadt über.

Dazwischen wandelt die Frau. Sie bewegt sich in aller Ruhe. Sie öffnet und schließt ihre Schränke, putzt und sortiert ihre Kleider. Sie ist so langsam wie es ihrem Alter zusteht.

Dazu folgender Gedanke: nämlich ein Goldfisch in einem Glas, den man in einem rasenden Zug abgestellt hat, auf dem Klapptisch am Fenster, der das »O« wiederformt, wie er es auch in der Mulde im Teich täte. Ist es gefährlich, ist es sicher? Das ist dabei eine unerlaubte Frage, denn er macht etwas, Kraft dessen sich die vorbeirasenden Felder und Landschaften bedeutungslos in eine Tapete verwandeln. So ist die Frau in einem Element zuhause, das jeden Moment zerschellen kann, sie geht und sitzt, und rafft sich unter den Augen der Passanten die Kleider –, doch hat sie die Verbindungsenden längst zerschnitten, verrichtet es unter der auf Links gedrehten Tarnkappe, dass man *in sich selbst* zuhause, das Sehende der Welt nicht sieht.

Am Tag ist die Kreuzung unerträglich laut. Es fahren wohl einige tausend Autos pro Stunde vorbei, und wenn es weniger sind, sie hören sich, wartet man mit Fußgängern und Hunden, die in dieser Stadt seltsam geschäftig wirken, zusammengedrängt auf grünes Licht, zumindest danach an. Später zu den Stoßzeiten am Nachmittag gibt es Stau, und die Fahrer gucken hinaus, und die Beifahrer kauen Kaugummi, und nur mit Mühe werden die Autos in die Straße peristaltisch als Brocken hinabverschluckt. Es dunkelt früh im Winter, und es regnet viel. Und fast plötzlich, an der Stelle, wo sich die Provinz als solche demaskiert, nur ein paar Stunden später, gibt es keine normalen Autos mehr, nur noch Carabinieri und verfolgte Mercedes-Limousinen.

Und neulich, als ich an der Stelle nachts vorbeiging, sah ich die Frau, wie sie auf der Bettkante saß. Allein im Weltall. Die Beine ließ sie ein wenig baumeln. Sie saß und betrachtete im Schein ihrer Lampe ihren ganzen Besitz, ob alles, am Ende des Tagwerks, am rechten Platz sei, und gleichzeitig strich sie mit ihrer in einer eigenen Weise gedankenverlorenen Hand über das Kopfkissen. Nach einer Weile, gerade als ich mich auf der anderen Straßenseite mit ihr direkt auf gleicher Höhe befand, ließ sie sich zurücksinken, krauchte unter die Decke, so, wie wenn Bewegungen Ahnen haben, die Gutenachtgeschichte der Mutter vielleicht, sah sich ein letztes Mal um und knipste das Licht aus.

Mein besonderer Dank für die vielen Anregungen und Ermutigungen sowie für das kritische Begleiten der Texte richtet sich an Yevgenia Belorusets, Alexander Kappe, Wanja Kirchhoff und Micha Knuth. In gleicher Weise auch an Antje Dietze, Anna Galt, Roman Lach, Alexander Nickmann, Uta Rüchel, Matthias Senkel, Oleksandr Sushynskii und Hana Yoo.

Dieter M. Gräf und Oscar Lebeck sei herzlich für den Beitrag ihrer Fotoarbeiten gedankt, die mich zu den betreffenden Texten jeweils inspiriert haben. Der Essay »PVC« wurde dadurch zum Grundstein dieser Sammlung.

Ebenso hat mich der Austausch mit den Künstlerinnen und Künstlern der Residenz Anabasis[.]space im Schreibprozess sehr bereichert.

Mein Dank geht auch an das Land Berlin und die Kulturraum Berlin GmbH für die Zurverfügungstellung eines geförderten Schreibateliers.

Erste Auflage 2024
Copyright © 2024 MSB Matthes & Seitz Berlin
Verlagsgesellschaft mbH
Großbeerenstr. 57A | 10965 Berlin
info@matthes-seitz-berlin.de
Alle Rechte vorbehalten
Satz und Layout: psb, Berlin
Druck und Bindung: GGP Media GmbH, Pößneck
ISBN 978-3-7518-0901-6
www.matthes-seitz-berlin.de